科技部科技创新战略研究专项
"推进农业农村现代化中的科技创新重大问题研究"
（ZLY201748）专题系列报告

农业农村现代化科技创新实证研究

李宇飞　许云芳●编著

·北京·

图书在版编目（CIP）数据

农业农村现代化科技创新实证研究 / 李宇飞，许云芳编著 —北京：科学技术文献出版社，2019.3（2020.1重印）
ISBN 978-7-5189-5230-4

Ⅰ.①农… Ⅱ.①李… ②许… Ⅲ.①农业现代化—研究—中国 ②农村现代化—研究—中国 Ⅳ.① F320.1

中国版本图书馆 CIP 数据核字（2019）第 022429 号

农业农村现代化科技创新实证研究

策划编辑：崔　静　魏宗梅　　责任编辑：杨瑞萍　　责任校对：文　浩　　责任出版：张志平

出 版 者	科学技术文献出版社	
地　　址	北京市复兴路15号　邮编 100038	
编 务 部	（010）58882938，58882087（传真）	
发 行 部	（010）58882868，58882870（传真）	
邮 购 部	（010）58882873	
官方网址	www.stdp.com.cn	
发 行 者	科学技术文献出版社发行　全国各地新华书店经销	
印 刷 者	北京虎彩文化传播有限公司	
版　　次	2019年3月第1版　2020年1月第2次印刷	
开　　本	710×1000　1/16	
字　　数	97千	
印　　张	7.25	
书　　号	ISBN 978-7-5189-5230-4	
审 图 号	GS（2019）1859号	
定　　价	36.00元	

版权所有　违法必究

购买本社图书，凡字迹不清、缺页、倒页、脱页者，本社发行部负责调换

《农业农村现代化与科技创新重大问题研究》丛书编委会

顾　问　刘　旭

主　编　贾敬敦

副主编　王文月　柏雨岑　张　辉　李宇飞　戴炳业
　　　　　王振忠　魏　珣　王　静

编　委（以姓氏笔画排序）

丁红雷	于　磊	马贤磊	王　梁	王　博	王仕涛
云昭洁	尤海涛	叶世英	兰可可	邢　颖	朱　娅
刘　钦	刘　慧	许云芳	杜岳峰	李　扬	李　旻
李岚春	李敬锁	杨　明	杨忠臣	杨艳萍	肖　松
吴世嘉	吴东立	邱天龙	何　荣	辛德树	张文立
张建胜	张艳新	张蓓蓓	陆　强	陈杭君	武国峰
武明宇	范欲晓	金书秦	周　雷	周月鹏	周向阳
宓灏文	赵西君	姜　玲	袁建霞	钱加荣	唐　玲
梅　燚	盛建新	崔　莹	崔　峰	葛立群	韩　青
谢凤杰	蒲红霞	蔡　剑	蔡路昀		

《农业农村现代化科技创新实证研究》
课 题 组

课题负责人：

李宇飞　中国农村技术开发中心

许云芳　山西农业大学

课题执行负责人：

姜　玲　中央财经大学

盛建新　湖北省科技信息研究院

王　梁　临沂大学

课题组成员：（以姓氏笔画排序）

云昭洁　湖北省科技信息研究院

尤海涛　临沂大学

李岚春　湖北省科技信息研究院

杨忠臣　临沂大学

肖　松　湖北省科技信息研究院

张蓓蓓　临沂大学

范欲晓　湖北省科技信息研究院

宓灏文　张家港市生产力促进中心

前言
PREFACE

党的十八大以来，习近平总书记把创新发展提高到事关国家和民族前途命运的高度，摆到了国家发展全局的核心位置。通过农业产业科技创新，带动农业科技整体水平大幅提升，土地产出率、资源利用率、劳动生产率得到显著提高。党的十九大报告指出要坚定不移地实施"创新驱动发展战略"和"乡村振兴战略"，按照"产业兴旺、生态宜居、乡风文明、治理有效、生活富裕"的总要求，加快推进农业农村现代化建设。构建现代农业产业体系、生产体系、经营体系，完善农业支持保护制度，发展多种形式适度规模经营，培育新型农业经营主体，健全农业社会化服务体系，实现小农户和现代农业发展有机衔接，促进农村一二三产业融合发展。

在此背景下，本书遵循从总体到局部，从全面到典型的思路，对中国农业农村现代化科技创新进行了实证研究，介绍了全国、区域及县域农业农村现代化的发展情况，全面分析了中国农业农村总体建设情况、农业产业化龙头企业、涉农科技企业、涉农高校、农业科研机构等创新主体培育情况及国家农业高新技术产业示范区、国家农业科技园区、现代农业示范区、国家现代农业产业园等核心载体的建设情况。同时，选取中国东、中、西部典型省份和县（市）进行实地调研及数据采集，总结发展经验，凝练发展思路，发现不足之处，以期为中国农业农村现代化建设提出一些可借鉴、可推广、可复制的发展模式。最后，本书认为中国农业农村现代化建设中仍存在着不均衡不充分、体制机制

农业农村现代化科技创新实证研究

不健全、创新主体匮乏及载体平台要素集聚能力不强等问题，因此，必须不断推进体制机制创新、推动农业产业创新和业态创新、加强创新主体培育和核心载体平台建设、完善农业技术服务体系、大力实施城乡一体化建设。

本书得到科技部科技创新战略研究专项"推进农业农村现代化中的科技创新重大问题研究（ZLY201748）"的资助，是《农业农村现代化与科技创新重大问题研究》的子课题研究成果。在本书的撰写过程中，参考和引用了很多学者的文章和著作，特深表谢意。同时，本书对于中国农业农村现代化建设的实证研究还有很多不足之处，我们将进一步深入调研和研究，力求更加完善！

《农业农村现代化科技创新实证研究》课题组
2019 年 1 月

目 录
CONTENTS

第一章 全国农业农村现代化进展情况 …………………………………… 1

第一节 总体建设情况 ………………………………………………………… 1

一、大力实施"藏粮于地、藏粮于技"战略，综合生产能力迈上新台阶 ……………………………………………………………………… 2

二、调优产品结构、产业结构和品质结构，农业供给侧结构性改革开创新局面 ………………………………………………………………… 2

三、着力解决资源环境突出问题，农业绿色发展有了新进展 ………… 3

四、聚焦强化物质技术装备条件，现代农业建设迈出新步伐 ………… 3

五、不断激发内生活力，农村改革展开新布局 ………………………… 4

六、深入推进农业产业精准扶贫，农民收入实现新跨越 ……………… 4

第二节 创新主体培养情况 …………………………………………………… 5

一、农业产业化龙头企业 ………………………………………………… 5

二、涉农科技企业 ………………………………………………………… 8

三、涉农高校 ……………………………………………………………… 8

四、农业科研机构 ………………………………………………………… 9

五、农业技术服务机构 …………………………………………………… 12

六、新型农业经营主体 …………………………………………………… 13

第三节　核心载体建设情况 ·············· 14
一、国家农业高新技术产业示范区 ·············· 14
二、国家农业科技园区 ·············· 17
三、现代农业示范区 ·············· 25
四、国家现代农业产业园 ·············· 26

第二章　区域农业农村现代化分析 ·············· 30
第一节　山东省 ·············· 30
一、推进农业科技创新，加强品牌建设，提升农业综合生产能力 ·············· 30
二、推动农村集体产权改革，加强基础设施建设，增强农村发展活力 ·············· 31
三、统筹城乡发展，打响脱贫攻坚战，提升乡村治理水平 ·············· 31

第二节　浙江省 ·············· 32
一、推进农业机械化、设施化、智能化应用，推动农业科技创新发展 ·············· 32
二、依托现代生态循环农业试点省建设，打造生态农业、特色农业产业链 ·············· 32
三、构建新型农民合作服务体系，推进农村"三权"改革，建设美丽乡村 ·············· 33

第三节　广东省 ·············· 33
一、开展农业关键技术研究应用，提升农业科技创新服务能力 ·············· 33
二、深入推进农业科技改革，以市场为导向发展效益农业 ·············· 34

第四节　江苏省 ·············· 34
一、推进智能农业发展，大力提升农业科技创新能力 ·············· 34
二、推进农村农业新产业、新业态和新模式发展，提升全省农业现代化水平 ·············· 35

目录

第五节　湖北省 ·· 36
一、健全农业发展政策体系，建设农业农村现代化强省 ············ 36
二、开展农业重大关键技术攻关，大力推进农业科技成果转化 ······ 36
三、构建农业高新技术产业链，提升全省农业科技创新能力 ········ 37
四、推进农业科技园区建设，完善农业科技创新平台体系 ·········· 37
五、加强电网、环境等基础设施建设，提升农村现代化水平 ········ 38

第六节　安徽省 ·· 38
一、切换农业发展动力，纵深农业供给侧结构性改革发展 ·········· 38
二、开展农业园区示范、可持续发展示范工作，推进全省农业
　　现代化建设 ··· 39
三、开展美丽乡村示范建设，提升农业农村现代化治理水平 ········ 39

第七节　河南省 ·· 40
一、优化农业生产结构和区域布局，推动农业提质增效 ············ 40
二、强化全省农产品加工业，不断推动农业产业化发展 ············ 40

第八节　湖南省 ·· 40
一、以3个"百千万"工程为抓手，努力提升农业机械化、规模化、
　　集约化水平 ··· 41
二、以农业领域关键技术为突破，提升农业科技创新能力 ·········· 41
三、以绿色农业、智慧农业发展为抓手，推动农业综合产能提升 ···· 42

第九节　陕西省 ·· 42
一、推进农业科技创新示范推广，提升农业农村现代化建设水平 ···· 42
二、实施城乡政策一体化，提高农民社会保障和生活质量水准 ······ 43

第十节　四川省 ·· 43
一、强化"三区一园"和品牌化建设，推动全省农业产业合作
　　发展 ··· 43
二、推进农业农村全面改革，提升农业发展质量 ·················· 44
三、建立绿色生态导向制度，推进全省农业可持续发展 ············ 44

四、促进农村一二三产业融合，提升农业综合生产能力……………… 45

第三章　县域农业农村现代化分析……………………………………… 46

第一节　河北省…………………………………………………………… 46
一、正定县…………………………………………………………… 46
二、曲周县…………………………………………………………… 48

第二节　浙江省…………………………………………………………… 49
一、新昌县…………………………………………………………… 49
二、安吉县…………………………………………………………… 50
三、长兴县…………………………………………………………… 52

第三节　山东省…………………………………………………………… 53
一、诸城市…………………………………………………………… 53
二、昌乐县…………………………………………………………… 53
三、青州市…………………………………………………………… 55

第四节　江苏省…………………………………………………………… 57
一、沛县……………………………………………………………… 57
二、张家港市………………………………………………………… 57

第五节　湖北省…………………………………………………………… 59
一、大冶市…………………………………………………………… 59
二、宜都市…………………………………………………………… 60
三、汉川市…………………………………………………………… 61

第六节　安徽省…………………………………………………………… 62
一、宁国市…………………………………………………………… 62
二、界首市…………………………………………………………… 64
三、凤台县…………………………………………………………… 65

第七节　河南省…………………………………………………………… 66
一、荥阳市…………………………………………………………… 66

二、登封市 …………………………………………………………… 67
第八节　陕西省 …………………………………………………………… 67
　　一、柞水县 …………………………………………………………… 67
　　二、眉县 ……………………………………………………………… 68
　　三、大荔县 …………………………………………………………… 69
第九节　四川省 …………………………………………………………… 69
　　一、筠连县 …………………………………………………………… 69
　　二、什邡市 …………………………………………………………… 71
　　三、绵竹市 …………………………………………………………… 72
第十节　贵州省 …………………………………………………………… 73
　　一、湄潭县 …………………………………………………………… 73
　　二、息烽县 …………………………………………………………… 74

第四章　中国农业现代化建设中存在的问题 ……………………………… 76
第一节　在产业属性上传统农业特点制约现代化发展 ………………… 76
　　一、产业供给方面 …………………………………………………… 76
　　二、产业需求方面 …………………………………………………… 77
　　三、产业特性方面 …………………………………………………… 77
第二节　在创新主体上各类主体整体匮乏且创新不足 ………………… 77
　　一、涉农企业方面 …………………………………………………… 77
　　二、涉农高校方面 …………………………………………………… 78
　　三、涉农科研机构方面 ……………………………………………… 78
　　四、新型农业经营主体方面 ………………………………………… 79
第三节　在载体平台上创新要素集聚能力仍亟待加强 ………………… 79
　　一、园区等载体方面 ………………………………………………… 79
　　二、新型创新平台方面 ……………………………………………… 80

第四节　在技术服务体系上传递和转移体系不健全 …………… 80
　　一、市场主体发育方面 ………………………………………… 81
　　二、技术供给与生产需求方面 ………………………………… 81
　　三、技术服务模式及手段方面 ………………………………… 82

第五节　在体制机制上管理体制机制尚需进一步完善 …………… 82
　　一、现行土地制度方面 ………………………………………… 82
　　二、现行科研体制方面 ………………………………………… 83

第六节　在农村建设上美丽乡村需要系统化持续推进 …………… 83
　　一、农民利益方面 ……………………………………………… 83
　　二、社会保障方面 ……………………………………………… 83
　　三、农村社会组织方面 ………………………………………… 84

第五章　推进农业农村现代化建设科技创新对策建议 …………… 85

第一节　推进产业创新和业态创新，培育农业农村发展新动能 … 85
　　一、强化科技支撑 ……………………………………………… 85
　　二、优化农业产业结构 ………………………………………… 86
　　三、构建多元化格局 …………………………………………… 88

第二节　加强农业创新主体培育，形成农业高新技术企业群 …… 89
　　一、培育新型农业经营主体和龙头企业 ……………………… 89
　　二、强化创新主体地位 ………………………………………… 89
　　三、加强人才队伍建设 ………………………………………… 91
　　四、创新培训模式 ……………………………………………… 92

第三节　加强创新创业载体平台建设，促进农业科技成果转化应用与
　　　　示范推广 …………………………………………………… 92
　　一、强化核心载体创新引领的要素保障 ……………………… 93
　　二、优化核心载体的技术创新体系 …………………………… 93

三、完善核心载体的创新生态环境························93
　　四、提高核心载体的创新驱动能力························94
　　五、培育核心载体的创新型企业群体······················94

第四节　完善和发展农业技术服务体系，建立全方位技术传递和转移转化载体··95
　　一、扩宽农业技术服务领域······························95
　　二、健全和完善农业技术市场····························95
　　三、发展农业技术中介体系······························96

第五节　推进体制机制创新，深化农村土地产权制度改革和成果转移转化制度建设··96
　　一、建立现代农村土地产权制度··························96
　　二、建立进城农民依法自愿有偿转移"三权"机制···········97
　　三、推进农村集体产权制度改革··························97

第六节　实施城乡一体化发展，推进农村治理的现代化建设·········98
　　一、强化基层指令能力和公共服务体系建设················98
　　二、积极发展专业化服务和农村多元化合作治理············99
　　三、重视和加强乡村文化建设和民主法制建设·············101
　　四、深化农村集体产权制度和因地制宜推进制度创新·······101

第一章 全国农业农村现代化进展情况

当前，创新是引领发展的第一动力，是建设现代化经济体系的战略支撑。以科技创新为核心的全面创新已经成为推动中国经济社会发展的强大动力。农业农村农民问题是关系国计民生的根本性问题。没有农业农村的现代化，就没有国家的现代化。创新驱动是加快农业农村现代化的必然要求，是中国特色社会主义乡村振兴道路的第一动力。

党的十九大报告指出，新时代我国社会主要矛盾是人民日益增长的美好生活需要和不平衡不充分的发展之间的矛盾。面对新形势，我们要坚定不移地实施"创新驱动发展战略"和"乡村振兴战略"，坚持把创新驱动摆在区域发展的核心位置，特别是发挥科技创新对县域经济社会发展的支撑引领作用，建立健全城乡融合发展体制机制和政策体系，加快推进农业农村现代化建设。

《中共中央 国务院关于实施乡村振兴战略的意见》进一步指出，要"实施产业兴村强县行动，打造一村一品、一县一业发展新格局"，要"加强面向全行业的科技创新基地建设，深化农业科技成果转化和推广应用改革"。当前，中国正处于全面建成小康社会和进入创新型国家行列的决胜阶段，推动农业供给侧结构性改革，加快农业农村现代化进程对农业产业发展及农村治理都提出了新的要求。

第一节 总体建设情况

党的十八大以来，以习近平同志为核心的党中央坚持把解决好"三农"问题作为全党工作重中之重，高度重视农业农村科技创新工作。按照中共中央部署，中国全面推进农业供给侧结构性改革，农业农村现代化建设成效明显。

农业农村科技水平大幅提高，农业科技进步贡献率由2012年的53.5%提高到 2017 年的 57.5%。农业劳动生产率达到 4.2 万元/人，主要农作物耕种收综合机械化水平超过 66%，农田有效灌溉面积占比超过 52%，农业物质装备技术水平显著提升。基础研究取得新进展，核心技术取得新突破，以生物、信息、装备等技术为核心支撑的现代农业新兴产业快速发展，生物种业、农机装备等产业规模不断壮大。粮食产量稳定增长，粮食总产量稳定在 1.2 万亿斤以上，8000 多万农业转移人口成为城镇居民，6000 多万贫困人口稳定脱贫，农业结构调整、绿色发展、农村改革等取得新进展，为经济社会发展提供了有力支撑。具体表现在以下 6 个方面。

一、大力实施"藏粮于地、藏粮于技"战略，综合生产能力迈上新台阶

严守耕地红线，确保耕地数量不减少，保有足够的粮食种植面积，不断提高耕地质量和土地生产力，依靠科技进步，粮食连年增产，自 2013 年首次突破 1.2 万亿斤大关之后，已连续 5 年稳定在这一水平，实现粮食生产可持续增长。5 年来，全国不仅粮食连年丰收，其他重要农产品也供应充足。肉蛋菜果鱼等产量稳居世界第一，人均占有量均超过世界平均水平。农业稳定发展，丰富了城乡居民的"米袋子""菜篮子""果盘子""奶瓶子"，也为经济社会稳定发展提供了坚实基础。

二、调优产品结构、产业结构和品质结构，农业供给侧结构性改革开创新局面

坚持以市场需求为导向，以深化改革为动力，统筹推进非优势区玉米结构调整、北方农牧交错带生态农业建设和南方水网地区生猪布局优化等工作，扎实开展特色农产品优势区创建。积极发展农产品加工业，大力提倡农产品电子商务、休闲农业和乡村旅游等新产业新业态，促进农村一二三产业深度融合，优化农村经济产业结构。深入推进国家农产品质量安全县（市）创建，国家农产品质量安全追溯管理平台上线运行，主要农产品监测合格率始终稳定在 96%以上，品质结构更加放心。

三、着力解决资源环境突出问题，农业绿色发展有了新进展

认真贯彻"绿水青山就是金山银山"的理念，坚决打好农业面源污染治理攻坚战，启动实施畜禽粪污治理、果菜茶有机肥替代化肥、东北地区秸秆处理、以长江为重点的水生生物保护、农膜回收等农业绿色发展五大行动。农业资源利用的强度下降，耕地轮作休耕制度试点扩大 1200 万亩①，退耕还草 372 万亩，在农业生产地区已营造农田防护林 3600 多万亩，3.23 亿亩农田实现林网化，占"三北"地区农田总面积的 65%。农田防护林体系建设大大提高了土地生产力。部分地区采用节水灌溉技术，平均节水达 20%，通过完善斗渠、农渠工程，老灌区总用水量减少约 1/4，缓解了农业用水紧缺矛盾。2012—2016 年累计造林 3000 万公顷，1.08 亿公顷的天然林得到有效管护，全国森林覆盖率达到 21.66%，森林蓄积量达到 151 亿立方米。草原综合植被覆盖度达到 54%，累计治理水土流失面积 26.55 万平方千米，全国沙化土地面积年均减少 1980 平方千米，石漠化面积年均减少 16 万公顷，近一半湿地得到保护。农业面源污染加重的趋势放缓，2016 年全国农药施用量保持零增长，化肥使用量接近零增长，粮菜果茶等绿色防控技术应用面积超过 5 亿亩，畜禽粪污综合利用率、秸秆资源综合利用率和农膜回收率均达到 60% 以上，农业面源污染加剧的趋势正在得到遏制，农业生产力与资源环境承载力相匹配的生态农业新格局正在形成。

四、聚焦强化物质技术装备条件，现代农业建设迈出新步伐

着力深化农业科研体制改革，打造水稻绿色增产增效等国家农业科技创新联盟，规划建设了一批产业科技创新中心；发展现代种业，加强国家级育制种基地和区域性良种繁育基地建设；深入推进"互联网+"现代农业行动，不断推动农业机械化、科技化、良种化、规模化和设施化。机械化水平明显提高，主要农作物耕种收综合机械化水平超过 65%。科技化水平明显提高，农业科技进步贡献率超过 56%。良种化水平明显提高，主要农作物良种覆盖率稳定在

---

① 1 亩 ≈ 666.7 平方米。

96%以上。规模化水平明显提高，家庭农场、农民合作社等各类新型农业经营主体数量超过290万家。设施化水平明显提高，建成5亿亩以上旱涝保收高标准农田，农田有效灌溉面积占比超过52%，设施农业超过5500万亩。农业靠天吃饭、手工劳作的时代正在成为历史，现代设施装备、先进科学技术支撑农业发展的格局已经初步形成。

五、不断激发内生活力，农村改革展开新布局

适度规模经营呈现新局面，以土地制度、经营制度、产权制度、支持保护制度为重点的农村改革深入推进，家庭经营、合作经营、集体经营、企业经营共同发展，多种形式的适度规模经营比重明显上升。土地确权颁证工作持续推进，截至2017年6月底，已完成确权面积10.5亿亩。土地流转加快，截至2016年年底，全国耕地流转面积达到4.79亿亩，适度规模经营已成趋势。农村集体产权制度改革试点稳步开展，截至2015年年底，全国有5.8万个村，4.7万个村民小组实行农村集体产权制度改革，农民股金分红累计达到2600亿元。农村金融服务综合改革不断深化，政策性金融、商业性金融和合作性金融相结合的多形式、多层次的农村金融服务体系基本形成；自2007年中国首次创立涉农贷款，涉农贷款余额从2007年年末的6.1万亿元增加至2016年年末的28.2万亿元，占比重从22%提高至26.5%；截至2016年年末，全国累计为1.72亿农户建立信用档案，约9248万农户获得银行贷款，贷款余额2.7万亿元，缓解了农民资金短缺问题。公共设施和服务实现新提升，农村基础设施、基本公共服务和农民生活条件明显改善。截至2016年年末，32.3%的村有幼儿园、托儿所，96.8%的乡镇有图书馆、文化站，81.9%的村有卫生室。农村实现村村通电话、乡乡能上网、广播电视基本全覆盖。农村教育基础设施继续改善，农村医疗卫生服务体系进一步健全。新型农村社会养老保险与城镇居民养老保险并轨，实现制度全覆盖。

六、深入推进农业产业精准扶贫，农民收入实现新跨越

把农民增收作为中心工作，聚焦深度贫困地区，深入总结推广产业扶贫范例，指导贫困地区因地制宜发展特色种养业，构建产业扶贫长效机制。农民收

入增长快，年均增幅达到8%。2016年首次突破1.2万元，较2012年名义增长47.4%，平均每年增加近千元。2017年突破1.3万元。城乡收入差距持续缩小，农民生活显著改善。农民收入增速连年跑赢城镇居民，2016年城乡居民收入之比为2.72：1，比2012年下降0.16，农民生活水平进一步提高。贫困地区农民增收更快，年均增长超过10%。2016年贫困地区农民人均收入8452元，连续保持2位数增长，年均实际增长10.7%，持续高于全国农村平均水平。

与城市相比，中国农村在产业发展、生态保护、社区治理、生活水平等方面还存在明显差距，当前许多农村地区的村容环境、农田水利、人文环境、生态环境等呈现普遍衰败的景象，农业仍是"四化同步"的短腿，农村仍是全面建成小康社会的短板。中国农业与农村发展多个领域面临治理危机的困扰，亟须推动农业供给侧结构性改革，调优产品结构、调精品质结构、调高产业结构，破解农产品供需结构性矛盾，提高农业比较效益，缓解资源环境压力，应对国际竞争。亟须创新乡村治理体系，将现代治理理念与传统治理资源相结合，以自治化解矛盾，以法治定分止争，以德治春风化雨，并在积极吸收和实践现代治理理念的同时，努力探索政府负责、社会协同、公众参与、法治保障与村民自治的良性互动机制，以实现农村社会的善治。

第二节 创新主体培养情况

一、农业产业化龙头企业

近年来中国农业产业化龙头企业稳步发展，企业数量和规模水平不断提高，市场竞争和发展带动能力显著增强。截至2016年年底，中国农业产业化组织数量达41.7万个，比2015年年底增长8.01%。其中，农业产业化龙头企业达13.03万个，同期增长了1.27%；农业产业化龙头企业年销售收入约为9.73万亿元，增长了5.91%，比规模以上工业企业主营业务收入增速高1%；大中型企业增速加快，销售收入1亿元以上的农业产业化龙头企业数量同比增长了4.54%；农业产业化龙头企业固定资产约为4.23万亿元，增长了3.94%。在2016年农业部公布的1131

个第 7 次监测合格农业产业化国家重点龙头企业名单中（图 1-1），山东省共计 85 个，位居首位；四川省 58 个，位居第二；河南省和江苏省同为 55 个，并列第三。《2018 中国新型农业经营主体发展分析报告》引用农民日报社三农发展研究中心对农业产业化龙头企业的分析发现，有 286 家龙头企业位于东部沿海地区；有 337 家龙头企业位于中部地区；有 212 家龙头企业位于西部地区（表 1-1）。同时，通过对部分地区农业产业化龙头企业的营业情况对比，东部地区农业龙头企业平均利润也明显居高。吉林省利润率达到 14.22%；安徽省平均利润为 4147.65 万元，利润率为 2.60%；江苏省平均利润为 8232 万元，利润占比 2.67%；山东省平均利润为 2.32 亿元，利润占比 6.16%（图 1-2）。在营业收入为 100 亿元以上的农业产业化龙头企业中，东部地区有 31 个，占比 63.27%；中部地区有 13 个，占比 26.53%；西部地区有 5 个，占比 10.20%（图 1-3）。①

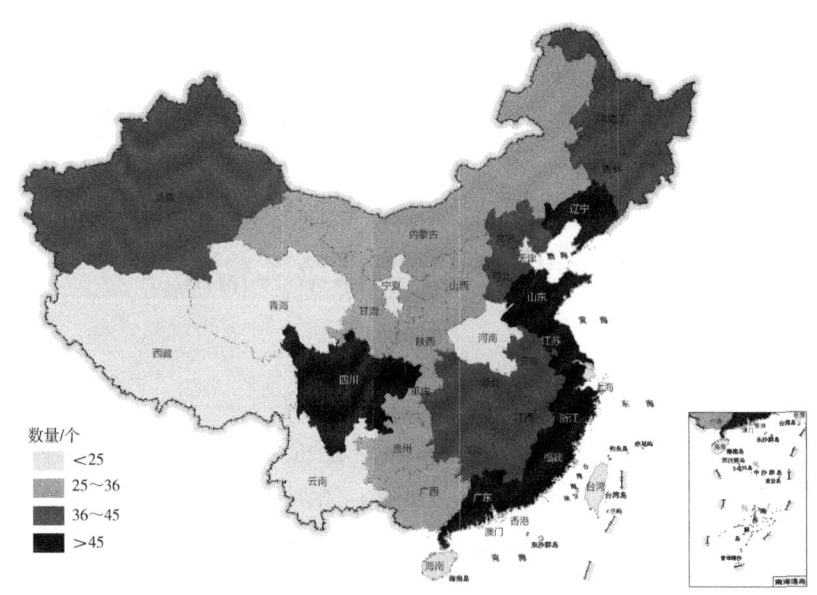

图 1-1　农业部第 7 次监测合格农业产业化国家重点龙头企业分布情况

---

① 高鸣，郭芸芸. 2018 中国新型农业经营主体发展分析报告：基于农业产业化龙头企业的调查和数据. 吉林农业，2008（4）：18-22.

表 1-1 国家级农业产业化龙头企业分布情况

地区	省（市、区）	数量/个
东部	北京、山东、江苏、广东、辽宁、上海、浙江、海南、天津等	286
中部	内蒙古、湖南、河南、吉林、湖北、山西、江西、安徽、黑龙江	337
西部	宁夏、陕西、甘肃、青海、四川、贵州、广西、重庆、云南、新疆、西藏	212

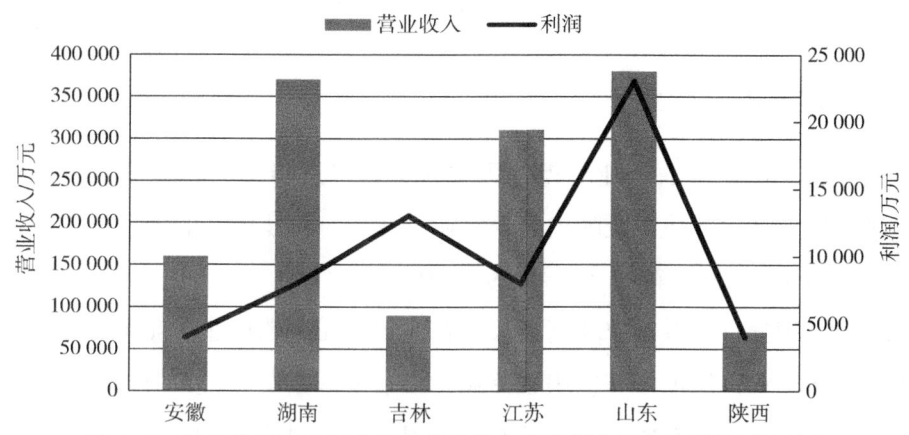

图 1-2 部分地区国家级农业产业化龙头企业营业收入和利润对比情况

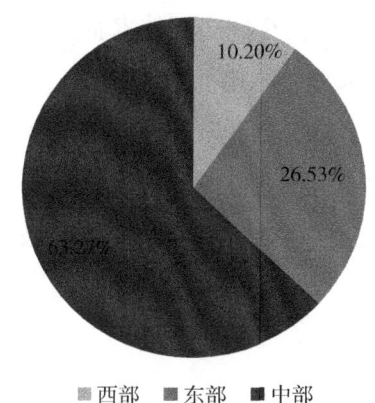

图 1-3 100 亿元以上营业收入的农业产业化龙头企业分布占比情况

同时，从统计数据来看，目前全国已经有 3000 多家龙头企业建立了省级以上研发中心，科研成果获得省级以上科技奖励的企业占 60% 以上；90% 以上的国家重点龙头企业已经建立了产品的研发中心，不断开展自主创新和引进消化吸收再创新，特别是新品种的引进，在很多方面填补了中国相关领域的空白。农业龙头企业科技人才大幅增加。农业龙头企业注重培养科技人才，注重培养农技推广人员。全国省级以上龙头企业中聘请的农技推广人员相当于中国农业科技推广队伍的 27.7%，越来越成为农业科技推广体系中非常重要的生力军。统计数据显示，中国农业龙头企业培养农民的资金累计达到 260 亿元，年均培训人数达到 1300 多万人。由此可见，农业产业化龙头企业已经成为农业科技推广的一个重要平台。

二、涉农科技企业

近年来，中国涉农企业取得的国家科学技术进步奖的数量除个别年份外均呈现整体上涨的趋势，反映出当今农业企业参与科技创新的程度日渐增强。2016 年，全国农业高新技术企业为 9750 家，比 2015 年增加 2933 家，增长 43.02%。从细分行业看，农业高新技术企业集中在少数行业，前 4 类农业高新技术企业（农业科技推广和应用服务业、研究和试验发展、农副食品加工业、食品制造业）为 6443 家，占全国农业高新技术企业的 66.08%。其中，农业科技推广和应用服务业高新技术企业为 3537 家，占全国农业高新技术企业的 36.28%。涉农类高新技术企业占全国高新技术企业比重较低。2015 年，农业高新技术企业占全国高新技术企业的比重为 8.95%，2016 年这一比重略有增加，达到 9.75%，仍不足 10%。2015 年，全国高新技术企业营业收入中，涉农类企业占比约为 5%。与其他类企业相比，中国农业企业科技创新能力依然较弱。据统计，国内大部分涉农类企业研发投入不足 1%，科技对农业产业的支撑能力亟须加强。

三、涉农高校

高等农业院校是中国农业科技创新的重要主体。高等农业院校在农业科技创新中要承担人才培养和知识传播功能、基础研究和知识创新功能、组织技术攻关和技术开发功能、农业科技成果转化和高新技术产业化等功能。近年来，越来越多的综合性大学、理工院校凭借其在办学规模、学科建设、人才储备、办学区位等方面的优势，纷纷开设涉农专业，扩展其学科领域。从目前情况看，67所涉农高校是中国农学门类学生的培养主体，其农学门类在校硕士生和博士生占全国农学门类在校生的比重均在90%以上。华东地区涉农高校培养规模最大。华东地区凭借其历史、区位和教育资源等优势，在中国涉农人才培养中占有重要地位。华东地区涉农硕士和博士院校数量分别占总数的25.37%和25.01%，2017年在校硕士生占总数的31.42%，在校博士生占总数的39.97%，农学门类在校硕士生占总数的28.17%，农学门类在校博士生占总数的27.10%，均在各地区院校中占最大比重。教育部所属院校和省级教育部门所属院校是研究生培养的主体。从涉农高校的隶属关系分布来看，教育部所属院校在博士培养方面处于优势地位，省级教育部门在硕士培养方面占有最大比重。教育部所属院校在校博士生占总数的78.28%，农学门类在校博士生占总数的54.74%；省级教育部门所属院校在校硕士生占总数的48.01%，农学门类在校硕士生占总数的62.64%。

涉农高校人才培养的学科结构呈现不同特点。从人才培养的学科分布来看，农学门类人才培养规模的分布不尽相同。按性质类别分析，农业院校和林业院校人才培养依然保持农林学科的特色，二者农学门类在校生的比重较高；而综合性大学更注重多学科、多元化发展，其农学门类在校生比重较低。按隶属部门分析，农学门类人才培养有向地方院校发展的趋势，省级教育部门和省级其他部门所属院校农学门类在校生所占比重较高；而教育部所属院校农学门类在校生所占比重较低。高等农业院校承担了人才培养和知识传播功能，成为农业科技创新人才的培养基地；承担了基础研究和知识创新功能，成为农业科学研究基地；承担了组织技术攻关和技术开发功能，成为农业实用技术开发基地；承担了农业科技成果转化和高新技术产业化功能，成为农业高新技术成果的孵化基地。

四、农业科研机构

从数量来看，1993年中国农业科研机构数量为1142个，2014年却减少至1056个，年均降幅0.37%，整体呈微弱的递减趋势（图1-4）。中国农业科研机构数量的变动实质上是中国农业科研机构改革的直接反映。从管理系统看，隶属种植业、畜牧业、渔业、农垦、农机化的农业科研机构数量分别为646个、138个、106个、43个、123个，其占全国农业科研机构的比重依次为61.17%、13.07%、10.04%、4.07%、11.65%（图1-5）。

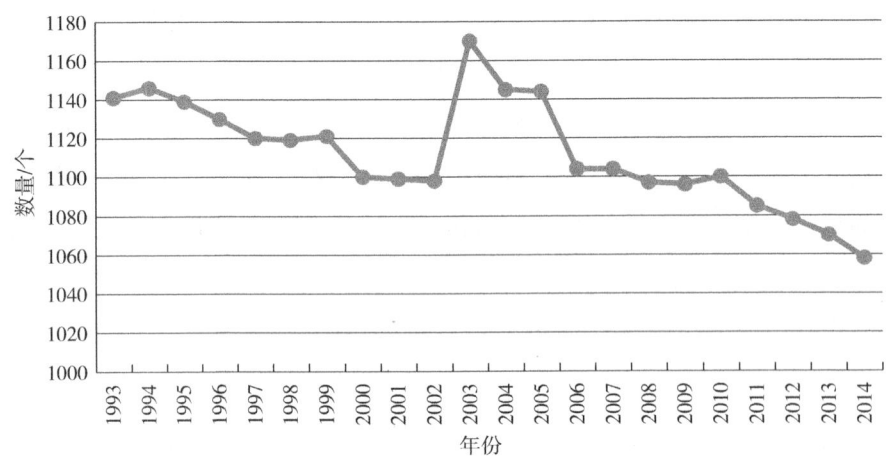

图1-4　1993—2014年中国农业科研机构数量变化趋势

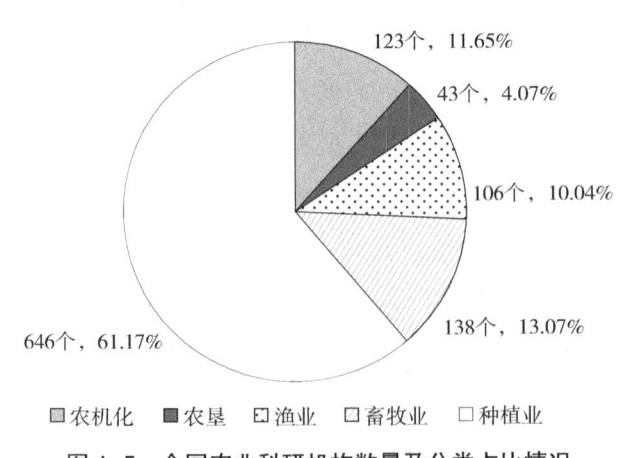

图1-5　全国农业科研机构数量及分类占比情况

从行业分布看，在中国农业科研机构中，种植业农业科研机构独占鳌头，所占比重最高；畜牧业、渔业、农垦、农机化农业科研机构所占比重略低。显而易见，中国农业科研机构具有行业分布不均的结构特征。从区域划分视角来看，参考陈祺琪等（2016）对中国区域的划分，将省域划分为东北、华北、华东、中南、西南及西北 6 个区域，其中，东北区包括辽、吉、黑 3 省；华北区包括京、津、冀、晋、蒙 2 省 2 市 1 区；华东区包括沪、苏、浙、皖、闽、赣、鲁 6 省 1 市；中南区包括鄂、豫、湘、粤、桂、琼 5 省 1 区；西南区包括渝、川、贵、云、藏 3 省 1 市 1 区；西北区包括陕、甘、青、宁、新 3 省 2 区。在东北、华北、华东、中南、西南及西北 6 个区域中，中南区农业科研机构数量最多，达 267 个，占全国农业科研机构总数的 25.28%；华东区农业科研机构数量占比为 22.35%，居第 2 位；华北区与西北区的占比均为 13.54%，并列居第 3 位；东北区与西南区分别以 12.97%、12.31% 的比重居第 4、第 5 位。此外，结合种植业、畜牧业、渔业、农垦、农机化管理系统分析可知，华北、华东、中南、西南、西北及东北区种植业农业科研机构占各地区农业科研机构比重分别为 65.73%、64.41%、62.92%、60.77%、55.24%、54.01%，均远高于其他管理系统农业科研机构的比重（表 1-2）。综上所述，中国农业科研机构在区域分布上存在明显的差异。[①]

表 1-2 2014 年中国农业科研机构的结构特征

	种植业	畜牧业	渔业	农垦	农机化	合计
合计	646	138	106	43	123	1056
农业部属	26	10	9	10	3	58
省属	299	76	41	20	27	463
地市属	321	52	56	13	93	535
华北区	94	27	7	0	15	143
东北区	74	18	16	6	23	137
华东区	152	20	38	4	22	236
中南区	168	24	35	15	25	267
西南区	79	17	6	5	25	132
西北区	79	32	4	13	13	141

---

① 陈祺琪. 中国农业科技创新能力：空间差异、影响因素与提升策略——以植物新品种为例. 武汉：华中农业大学，2016：45-47.

五、农业技术服务机构

近年来中国农业技术服务体系发展迅速，以江西省为例，江西省以公益性服务组织为基础，以经营性服务组织为主要力量，服务主体和模式多元化的农业社会化服务体系不断完善。江西省农业社会化各类服务组织数量快速增长，总量不断提高。江西省已经基本形成了公益性服务组织、村集体、产业化龙头企业和农民专业合作社等服务主体多元化局面，服务组织总量快速增长。江西省的农业社会化服务体系建设相对全国其他省份发展滞后，近几年虽处于起步阶段，但发展势头良好。截至 2014 年 6 月底，江西省各类社会化服务组织总数达到 72 500 个，2013 年 8 月底为 43 287 个，增长约 67.49%。其中，农机服务类组织 17 005 个，2013 年 8 月底为 5005 个，增长约 240%；植保服务类组织 3899 个，2013 年 8 月底为 2250 个，增长约 73.29%；农业技术服务类组织 9570 个，2013 年 8 月底为 7914 个，增长约 20.92%；产品销售服务类组织 32 052 个，2013 年 8 月底为 22 052 个，增长约 45.35%；农资供应服务类组织 6358 个，2013 年 8 月底为 5358 个，增长约 18.66%；综合服务类组织 3616 个，2013 年 8 月底为 708 个，增长 410.73%。各类社会化服务组织成员数已达 66.5 万人，2013 年 8 月底为 53.5 万人，增长约 24.30%。通过以上数据可知，江西省各类农业社会化服务组织数量快速增长，农业社会化服务主体多元化。农业社会化服务的源头是服务供给主体，江西省经过近些年的不断探索，农业社会化服务供给主体日益丰富。目前，服务供给主体包括政府公益性服务机构、农业龙头企业、农业生产大户、村集体、专业合作社、农村金融机构及民间其他服务主体。截至 2014 年年底，江西省农民专业合作社总数已达 3.53 万户，比 2013 年年底增长 31.51%。农民专业合作社吸纳农民及其他成员共 64.35 万人，比 2013 年年底增长 38.83%；农民专业合作社 10.07% 的成员是农民。截至 2014 年 6 月底，江西省家庭农场共有 9551 家，同比增长 142%；农业生产大户 38 300 户，营业收入超过 500 000 元的农业生产大户 14 600 家；省级及以上农业龙头企业 814 家。江西省基本形成服务供给主体多元化局面，其中家庭农场、生产大户、合作社等主体规模正不断扩大。农业社会化服务模式不断创新，江西省在大力推进农业社会化服务体系建设时，积极吸取国内外经验,并通过社会各界不断探索,在全国首创"综合建站"模式。这一模式是在结合江西省农业技术推广现状的基础上,在全国农技推广中心的大力扶持下形成的,进一步满足农民的科技需求,提升基层农业技术水平。江西省还基本形成了以下 3 种服务模式:一是以公共服务机构为基础,由专业服务公司为农民提供具体的农业服务的模式;二是以农民专业合作社为主要力量,其他农业服务组织为辅助,为农民和农业生产服务的模式;三是以产业化龙头企业为核心,并以它作为为农户生产提供各种服务的基地的模式。江西省还开创了"产业化龙头企业 + 农民专业合作社 + 农户""产业化龙头企业 + 专业生产大户""产业化龙头企业 + 家庭农场"等经营模式。[1]

六、新型农业经营主体

当前,中国四大新型农业经营主体人员数量均不断增加,规模化趋势明显。首先,家庭农场发展规模增长较快。中国家庭农场调研数据显示,截至 2018 年,全国新型农业经营主体总量超过 300 万个,新型职业农民总数超过 1400 万人。其中,家庭农场达到 87.7 万家,种植业家庭农场平均经营规模 170 亩左右。其次,新型职业农民发展规模增长较快。截至 2015 年,中国新型职业农民规模已达 1272 万人,比 2010 年增长 55%。陕西、江西等 11 个省(市、区)政府出台了《关于加快培育新型职业农民的意见》等文件。中央和地方财政累计投入超过 80 亿元,全国 1800 多个农业县开展了新型职业农民培训工作。再次,大学生返乡创业规模平稳上升。麦可思研究院基于 2012—2016 届的中国大学毕业生调查报告显示,近五年来,中国大学生创业比例平稳上升,超过七成毕业即创业的大学生选择留守在家乡省份创业。最后,返乡农民工规模稳步扩大。国家统计局对外公布的《2016 年农民工监测调查报告》指出,2016 年外出农民工增速继续回落,跨省流动农民工继续减少。人社部数据显示,在 2017 年第 4 季度返乡农民工中,有 10.9% 的人员选择了创业。目前,返乡创业人员已经超过了 700 万人,辐射带动 5700 万农民增收致富。总的来说,新型农业经营

---

[1] 赖良玉. 农业社会化服务体系发展现状、存在的问题及对策研究:以江西省为例. 现代经济信息,2016(6):21-22.

主体的规模稳步扩大,其成为农业高新技术产业创新的新生力量。《新型农业经营主体发展指数调查(五期)报告》指出,2015 年新型农业经营主体总资产价值平均为 746.17 万元,销售净利润率的加权平均值为 49%,较高的销售净利润率反映出新型农业经营主体相比其他农业类上市公司具有更强的获利能力。

在新型农业经营主体快速发展的同时,存在着整体效益不高的问题。目前中国农业的发展所需成本较大、家庭农场的生产投入过高,导致家庭农场的净利润低。例如,农业部专项调查(基于全国 34.3 万个样本数据)指出,家庭农场的年销售产值高,但净利润低。同时,针对大学生创业的相关研究也表明,新型农业经营主体盈利效果一般。①

第三节 核心载体建设情况

一、国家农业高新技术产业示范区

国家农业高新技术产业示范区是农业科技园的一种高级形态,党中央、国务院高度重视农业高新技术产业示范区建设工作。2018 年 1 月 16 日,国务院办公厅印发《关于推进农业高新技术产业示范区建设发展的指导意见》,首次以农业高新技术产业为主题,从国家层面系统指导农业高新技术产业示范区建设发展。2018 年 9 月 5 日,科技部印发《国家农业高新技术产业示范区建设工作指引》,明确提出到 2025 年,在全国范围内建设一批国家农业高新技术产业示范区,打造现代农业创新高地、人才高地、产业高地。目前,中国有 2 个农业高新技术产业示范区:1997 年批准成立的杨凌农业高新技术产业示范区和 2015 年批准成立的黄河三角洲农业高新技术产业示范区。

(一)杨凌农业高新技术产业示范区

20 年来,杨凌农业高新技术产业示范区(以下简称"杨凌示范区")充分

---

① 袁梦,易小燕,等. 我国家庭农场发展的现状、问题及培育建议:基于农业部专项调查 34.3 万个样本数据. 中国农业资源与区划,2017(6):184-188.

发挥自身的科技优势,通过科技创新,汇集科技要素,激活创新活力,实现把科技优势迅速转化为产业优势,依靠科技示范、辐射和产业化带动,推动中国干旱半干旱地区农业实现可持续发展,解决了农业产业的低效率、低竞争力、高成本、高价格问题。初步完成了由资源要素向创新要素转型,由劳动密集向技术和资本密集转型,由单一生产模式向知识和创新相结合的模式转型,带动这一地区农业产业结构战略性调整、城乡一体化建设和农民增收。建设了比较完善的现代农业产业体系,探索了一条从依靠国家补贴到依靠科技创新实现自我供给的农业产业发展新模式,为中国农业的产业化、现代化做出突出贡献。

杨凌示范区是第一个示范区,取得了省部级以上科技成果接近400项,国家科技成果48项,在全国建设了301个推广示范点,每年推广获得的收益超过170亿元。杨凌示范区以打造陕西农业高新技术产业战略高地为主题,积极拓展延伸农业产业链、价值链,突出特色,大胆探索以农业高新技术提高农业产业竞争力的新路径。培育新型创新主体,大力发展农业高新技术产业。围绕建设新型产业示范基地,培育形成了生物产业、食品产业、农业装备制造业三大主导产业链。目前引进绿色农用生物制品企业70家,绿色食品企业40余家,农业装备制造企业20余家,从业人员1600余人,拥有省级名牌产品4个,省著名商标5个。依托农业科技优势,以推进农业现代化为抓手,培育壮大涉农工业,积极发展涉农服务业(杨凌示范区2016年三产结构为6.8:52.8:40.4)。

2018年11月,国务院批复进一步支持杨凌示范区发展若干政策,要求杨凌示范区进一步加快以科技创新为核心的全面创新,力争到2025年把杨凌示范区建设成为干旱半干旱地区农业科技创新推广核心区,新时代乡村振兴、特色现代农业发展引领示范区,具有国际影响力的现代农业创新高地、人才高地和产业高地。

(二)黄河三角洲农业高新技术产业示范区

2015年10月,国务院批复设立国家级农高区以来,黄河三角洲农业高新技术产业示范区(以下简称"黄河三角洲农高区")认真贯彻国务院要求,主

农业农村现代化科技创新实证研究

动融入新旧动能转换重大决策部署，努力在盐碱地综合利用、国际科技交流与合作、体制机制与政策创新、五化同步发展等方面创新实践，不断增强自主创新能力，建立可复制可推广的创新驱动城乡一体化发展新模式，为中国现代农业可持续发展作出示范。

近年来，按照创建国家级农高区的思路，黄河三角洲农高区取得了阶段性进展。一是规划设计逐步优化。坚持高点定位、规划先行，突出优势特色和核心竞争力，编制了现代农业发展总体规划，以及土地、产业、科技、城建等专业规划，确定了建设现代农业"硅谷"和创新发展"新引擎"的目标定位，按照"一城四园"规划布局，培育发展现代种业、农业高端服务业、健康食品加工业、农业生物产业、农业设施装备及智能农机研发制造 5 个产业。二是基础设施条件明显改善。投资 25.3 亿元，配套水电路讯污水处理设施，建成生态林场 4 万亩；建成 33 万平方米职工保障性住房、专家公寓和 1 万平方米专家工作站，3.5 万平方米科研楼即将投入使用；农业金融大厦、农产品电商综合楼、职业农民创业学院全面开工建设，一座集科研、商务、居住等功能为一体的现代农业新城已具雏形。三是农业科研孵化初见成效。搭建开放式科研平台，孵化重大农业科技成果，开展以基因组测序、分子标记技术为支撑的生物育种试验示范，安谷 5415、耐盐碱小麦"青麦 6 号"、一代杂交青蒿试验成功。引进中国科学院微生物所研发团队，开展前沿生物核心技术研究和生物基材料、生物医药中试研发转化，已取得生物基长链二元酸、乳铁蛋白、杂化膜 3 项中试成果并实现产业化。四是农业高新技术产业项目陆续落地。美奥食药用菌项目，建成了国内第一条日产 20 万瓶虫草智能化生产线。大地循环乳业项目，建成了集牧草种植、生态养殖、乳品加工、科普观光于一体的循环产业链。作为农高区地标工程的现代农业展示孵化区，占地 2500 亩，建设 7 万平方米植物工厂、2 万平方米未来农业孵化中心、1.8 万平方米都市农业与营养健康中心和国家级农业文化创意公园，整体工程于 2017 年 5 月投入使用。五是农业领域制度创新取得积极进展。参股成立了北京中农科联等 5 支农业科技投资基金，成立了农业融资担保公司、民间资本管理公司、黄河三角洲现代农业公司等投融资机构，已融资 10.9 亿元；成立了黄河三角洲土地金融控股公司，开展土地存贷、农村土地抵押贷款、土地综合金融等业务，推动土地、金融、科技、产业及商业深度融合和联动发展。建成农业专利数据库，为现代农业提供知识产权代理、托管、交易、融资、孵化等服务，推动专利技术品种证券化、资本化运作。①

未来，黄河三角洲农高区将聚焦国家级农高区战略目标，着力打造国际盐碱地改良利用研究中心、现代农业新技术新模式展示中心、一二三产融合发展示范中心、国际农业科技成果转化中心、具有全球影响力的国际合作中心，到2020年建设成为世界一流的高效生态、高端智慧、开放融合的农业高新区。

二、国家农业科技园区

为落实中共中央、国务院《关于做好2000年农业和农村工作的意见》和国务院办公厅《关于落实中共中央、国务院做好2000年农业和农村工作意见有关政策问题的通知》精神，自2000年以来，科技部联合农业部、水利部、国家林业局、中国科学院、中国农业银行等部门，启动了国家农业科技园区建设工作。园区发展经历了试点建设（2001—2005年）、全面推进（2006—2011年）、创新发展（2012年至今）3个阶段。经过10多年的建设，国家农业科技园区已成为中国农业科技成果集成转化的前沿阵地，农业科技型企业孵化培育的成长摇篮，一二三产业融合发展的对接平台，农业农村科技创新创业的培育基地，促进农民增收就业的重要渠道，推进农业供给侧结构性改革的强力引擎，也是农业农村现代化建设的关键载体。

截至2017年年底，已批准建设7批共246家国家农业科技园区，基本覆盖了全国所有省、自治区、直辖市、计划单列市及新疆生产建设兵团，初步形成了特色鲜明、模式典型、科技示范效果显著的园区发展格局（图1-6）。按照建设和运营主体的差异，园区形成了政府主导型（占87.0%）、企业主导型（占9.7%）、科研单位主导型（占3.3%）3种模式。近年来，园区基于自身发展模式和区域特色等，为适应创新驱动发展的需要，在功能定位、规划布局上出现了一系列新变化，政府主导型园区向农业高新技术产业培育和产城产镇产村融合

---

① 山东省东营区农业局网站 http://www.dyq.gov.cn/info/1755/84414.htm。

的杨凌模式发展,其他2类园区分别向科技服务和成果应用方向发展。2017年,国家农业科技园区引进项目总数共4438个,开发项目数量达到3971个,引进的新技术、新品种和新设施的数量分别为4216个、9337个和2488个,推广的新技术、新品种和新设施的数量分别为5109个、8768个和3612个;申请的专利授权数量达到22 604项,其中发明专利数量达5560项,占比约为24.60%;引进培育的农业企业总数达26 370家,其中高新技术企业1825家;实现总产值16 688亿元,带动就业人数885.57万人,农民人均可支配收入全国均值15 697元,超出所在地级市23%以上(图1-7)。国家农业科技园区充分发挥了技术集成和示范作用,推进了农业高新技术产业发展,带动了农民增收致富,在区域协同和城乡统筹发展中产生了良好的经济、社会和生态效益。

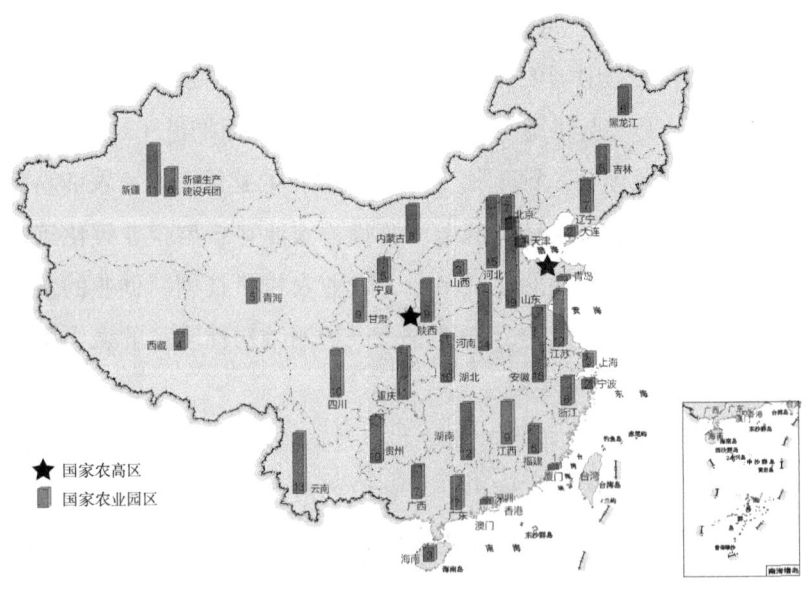

图1-6 农业科技园区全国布局情况

第一章 全国农业农村现代化进展情况

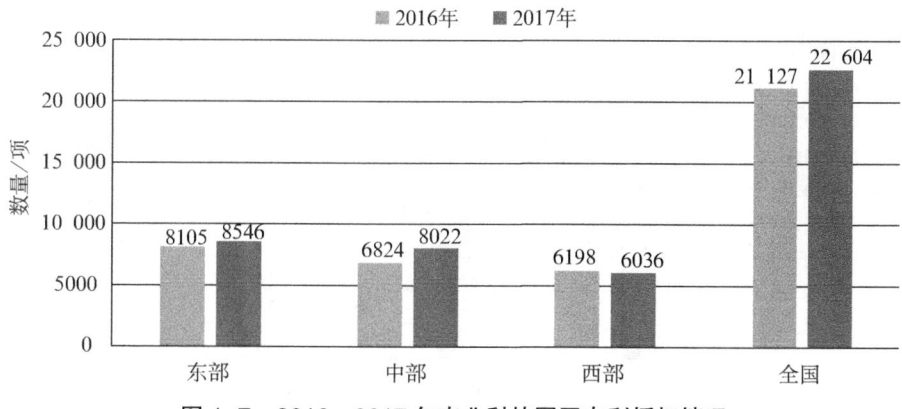

图 1-7 2016—2017 年农业科技园区专利授权情况

（一）农业科技园区核心区建设情况

2017年，全国246家农业科技园区已建成核心区面积1241.80万亩。其中，东部园区建成核心区面积396.73万亩，中部园区建成核心区面积587.60万亩，西部园区建成核心区面积257.47万亩（图1-8）。

2017年，全国农业科技园区当年总产值为16 688.39亿元，相比2016年园区总产值16 512.84亿元，增幅为1.06%。其中，2017年，东部园区当年总产值为5714.49亿元，高于西部园区当年总产值2782.74亿元，低于中部园区当年总产值8191.16亿元（图1-9）。2017年全国园区当年总产值均值为67.84亿元。

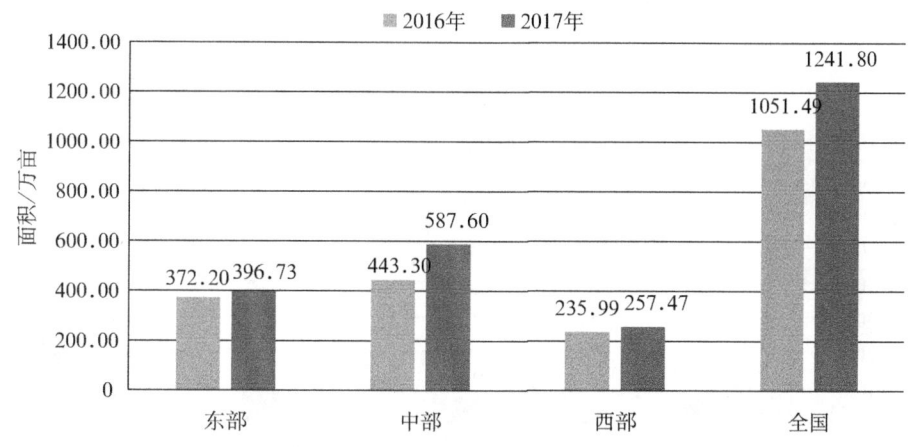

图 1-8 2016—2017 年农业科技园区已建成核心区面积对比情况

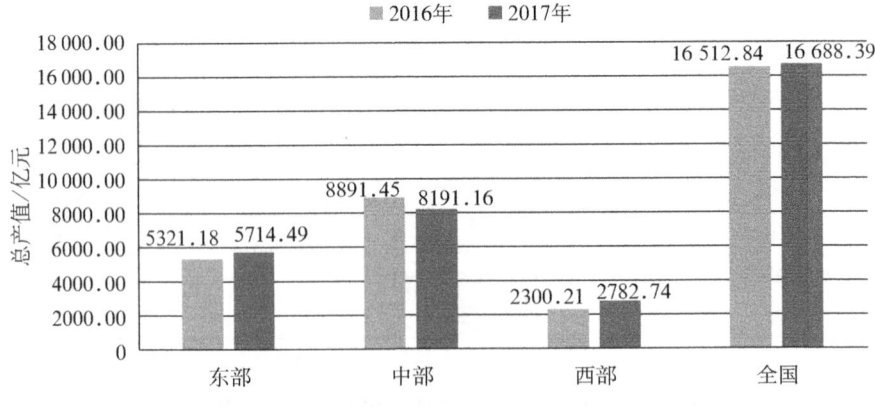

图 1-9 2016—2017 年农业科技园区总产值对比情况

(二) 农业科技园区创新服务情况

截至 2017 年,已有 194 家国家农业科技园区建立了测试检测中心,各园区共有测试检测中心 835 个,其中东部地区占 33.41%,中部地区占 36.29%,西部地区占 30.30%;有 152 家园区设有院士专家工作站,各园区共有院士专家工作站 410 个,东部、中部、西部地区分别占 27.56%、36.10%、36.34%;此外,有 97 家园区设立技术交易机构,各园区共有技术交易机构 231 个,其中东部地区占 32.90%,中部地区占 29.44%,西部地区占 37.66%(图 1-10)。各园区都非常重视科技创新服务工作,3 项指标分布总体均匀,推动了园区快速发展,同时也为现代农业发展奠定良好基础。

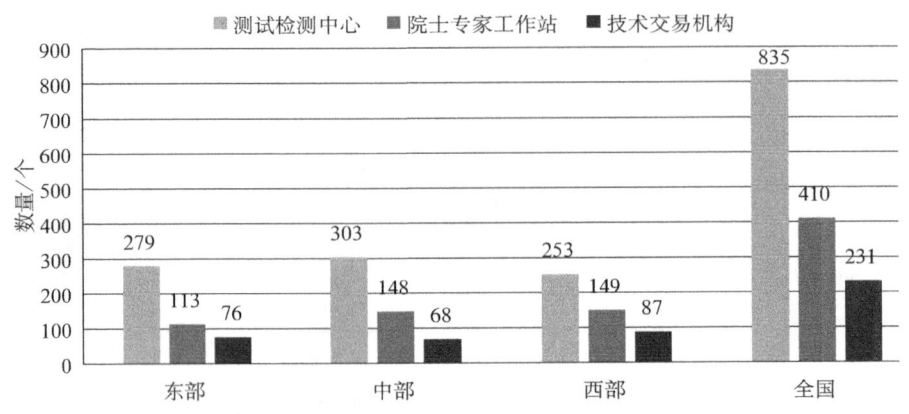

图 1-10 2017 年农业科技园区创新服务地区对比情况

第一章 全国农业农村现代化进展情况

截至 2017 年,全国 246 家农业科技园区共有科技企业孵化器 630 个,比 2016 年增加 14%,其中 38 家园区科技企业孵化器数量有所增长。在地区分布方面,科技企业孵化器主要集中在中西部地区,其中东部地区仅占 16.9%,中部地区占 45.2%,西部地区占 37.9%,且西部地区呈现较快增长速度。2017 年,国家农业科技园区共有科技企业孵化器面积 15 289 794 平方米,较 2016 年增长 4.52%,55 家园区科技企业孵化器面积出现增加。在地区分布方面,西部地区孵化器面积建设较大,约占了总数的 59.28%,中部和东部地区占比分别为 21.40% 和 19.33%,东部地区增速较快(图 1-11)。

近些年,为有效满足大众创新创业需求,具有较强专业化服务能力的新型创业服务平台众创空间及服务农业农村领域的创业服务平台星创天地,均得到快速发展。2017 年,全国分别有 144 家园区建设了 467 个众创空间、88 家园区建设了 474 个星创天地,较 2016 年分别增长 36.15% 和 45.85%(图 1-12)。

就地区分布而言,西部地区在众创空间和星创天地方面均有一定的数量优势,且增长速度较快,分别较 2016 年增长 55.42% 和 45.05%;中部地区分别增长 32.90% 和 50.45%;东部地区则分别增长 25.25% 和 41.75%。

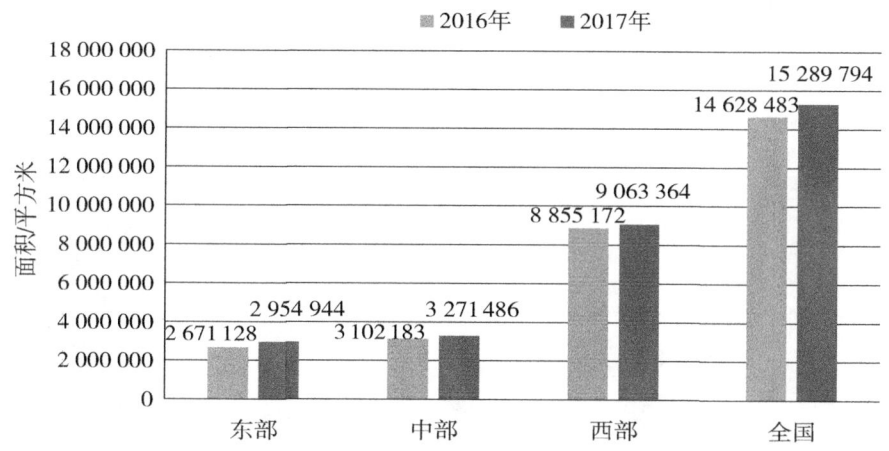

图 1-11　2016—2017 年农业科技园区科技企业孵化器面积地区对比情况

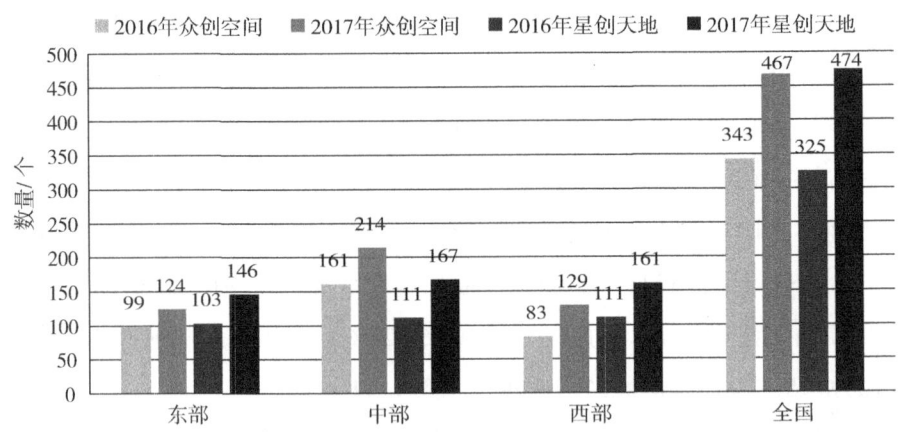

图 1-12　2016—2017 年农业科技园区众创空间和星创天地数量对比情况

近年来科技特派员数量增长较快，2017 年全国农业科技园区的科技特派员数量达到 23 071 人，较 2016 年增长 11.4%，创新创业的热潮在中国大地上涌动。星创天地成为营造专业化、社会化、便捷化农村科技创业环境的重要平台，降低了创新创业的门槛和风险，科技特派员通过星创天地带动更多的农民致富。在地区分布方面，西部地区科技特派员数量仍占有一定的优势，其人数占全国的 42.18%，东部地区和中部地区占比分别为 33.02% 和 24.80%（图 1-13）。

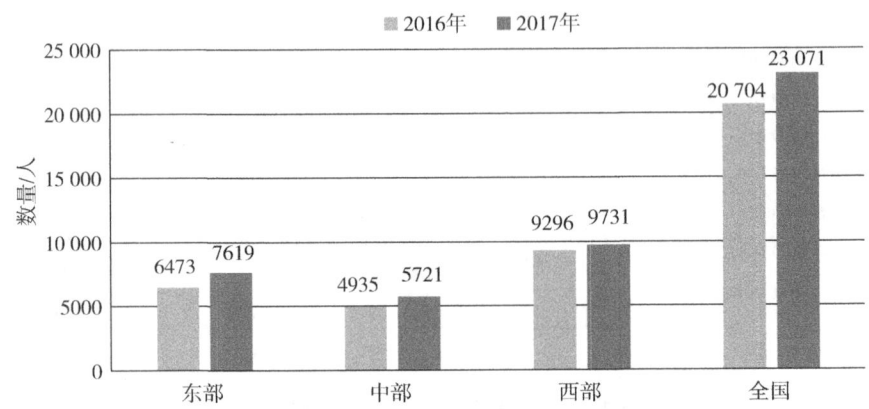

图 1-13　2016—2017 年农业科技园区科技特派员人数对比情况

第一章 全国农业农村现代化进展情况

（三）农业科技园区企业发展情况

截至 2017 年，国家农业科技园区内的入驻企业数量达到 26 370 家。其中，高新技术企业数量为 1825 家，占企业总数的 6.92%；涉农高新技术企业数量达到 1181 家，占高新技术企业的 64.71%；上市公司数量为 254 家，占入驻企业总数的 0.96%（图 1-14）。

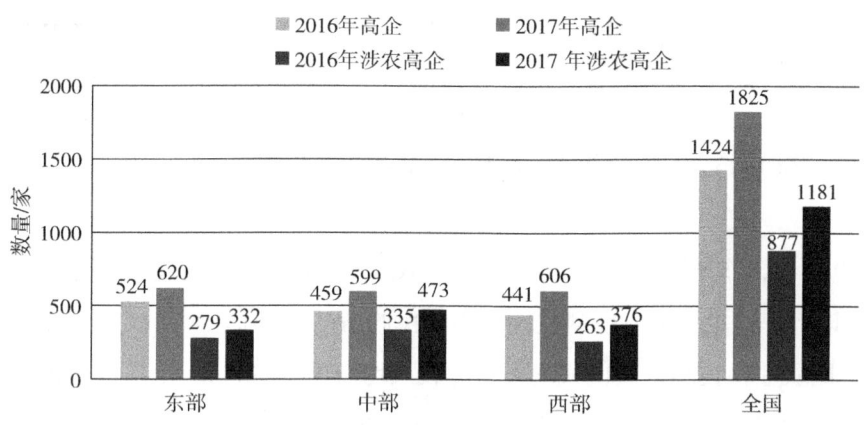

图 1-14　2016—2017 年农业科技园区高新技术企业数量对比情况

2017 年，东部、中部和西部园区的高新技术企业和涉农高新技术企业数量均有明显增长。其中，中部和西部园区在高新技术企业数量上都实现了大幅增长，增幅分别为 30.50% 和 37.41%。在涉农高新技术企业数量方面，中部和西部园区也实现了快速增长，增幅分别为 41.19% 和 42.97%。高新技术企业数量的大幅增加为中西部园区的创新能力提升奠定了坚实的基础。

（四）农业科技园区农民增收情况

2017 年，全国农业科技园区农民人均可支配收入均值为 19 354.89 元，相比 2016 年农民人均可支配收入全国均值 17 983.95 元，增幅为 7.62%。2017 年，东部农民人均可支配收入均值基本持平（图 1-15）。

农业农村现代化科技创新实证研究

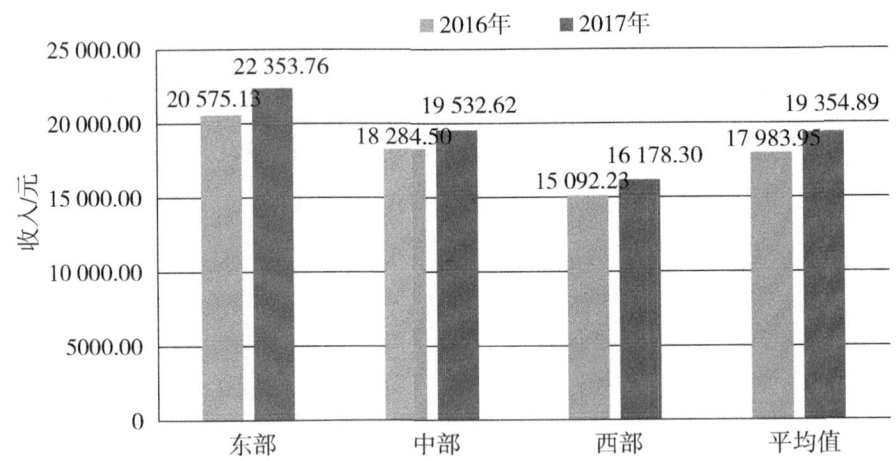

图 1-15 2016—2017 年农业科技园区农民人均可支配收入对比情况

2017 年，东部、中部、西部园区农民人均可支配收入均有增幅，且都在 6.50% 以上，这也说明农业科技园区为农民收益的增加提供了较好的平台。2017 年，全国农业科技园区农民人均可支配收入均值为 19 354.89 元，相比 2017 年所在地级市农民人均可支配收入全国均值 15 697.07 元，超出 23.30%。其中，东部园区农民人均可支配收入均值为 22 353.76 元，相比园区所在地级市农民人均可支配收入均值 19 317.87 元，超出 15.72%；中部园区农民人均可支配收入均值为 19 532.62 元，相比园区所在地级市农民人均可支配收入均值 15 082.33 元，超出 29.51%；西部园区农民人均可支配收入均值为 16 178.30 元，相比园区所在地级市农民人均可支配收入均值 12 691.01 元，超出 27.48%（图 1-16）。

同时，根据数据显示，2017 年，全国农业科技园区技术培训总人次为 5 148 476 人，相比 2016 年园区技术培训总人次 4 662 527 人，增幅为 10.42%。2017 年，全国农业科技园区带动农户总人数为 13 181 575 人，相比 2016 年园区带动农户总人数 11 516 682 人，增幅为 14.56%。由此可知，农科科技园区在提升农民技能、带动农民增收方面起到了较好的示范、引领作用。

第一章 全国农业农村现代化进展情况

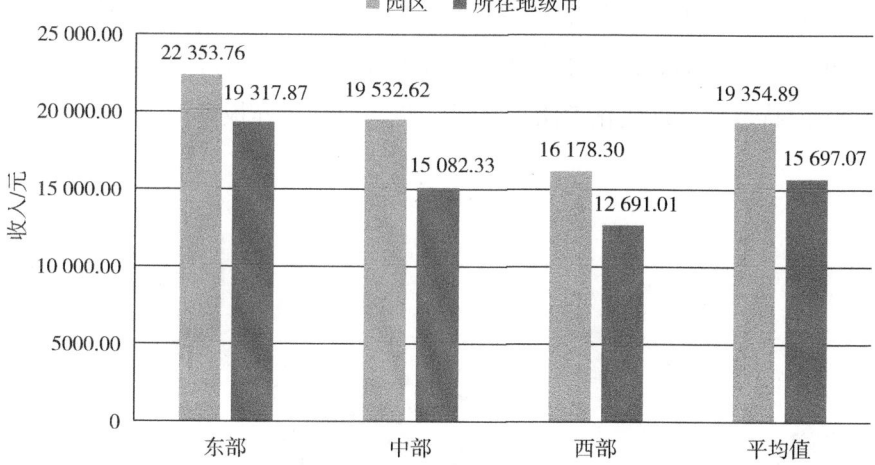

图 1-16　2016—2017 年农业科技园区与所在地农民人均可支配收入对比情况

三、现代农业示范区

2009 年 4 月，农业部提出"以整县制推进"为路径，启动国家现代农业示范区建设工作，这也是继农业科技园区后在农业现代化道路上的又一次探索。现代农业示范区是以现代产业发展理念为指导、以新型农民为主体、以现代科学技术和物质装备为支撑，采用现代经营管理方式的可持续发展的现代农业示范区域，具有产业布局合理、组织方式先进、资源利用高效、供给保障安全、综合效益显著的特征。

现代农业示范区以构建现代农业产业体系为核心、以先进适用的农业科学技术为引领、以体制机制创新为主线、以培育新型农业经营主体为重点、以推进区域农业经济快速发展为基本立足点，为我国传统农业改造、发展提供了新的发展路径。2013 年以来，农业部、财政部会同银监会、国家开发银行、中国农业发展银行、中储粮总公司，选择天津市武清区等 25 个国家现代农业示范区，开展了农业改革与建设试点。截至目前，农业部已公布 3 批示范区名单，国家现代农业示范区总数为 283 个（图 1-17）。

近年来，各试点示范区受到高度重视，围绕构建农业经营新体系、产销新

- 25 -

模式、财政支持新方式、投融资新机制、风险防范新措施 5 项改革建设任务，锐意改革，大胆创新，进行了多角度、多层次的探索试验，取得了明显成效，为探索中国特色农业现代化道路积累了经验、树立了样板。①

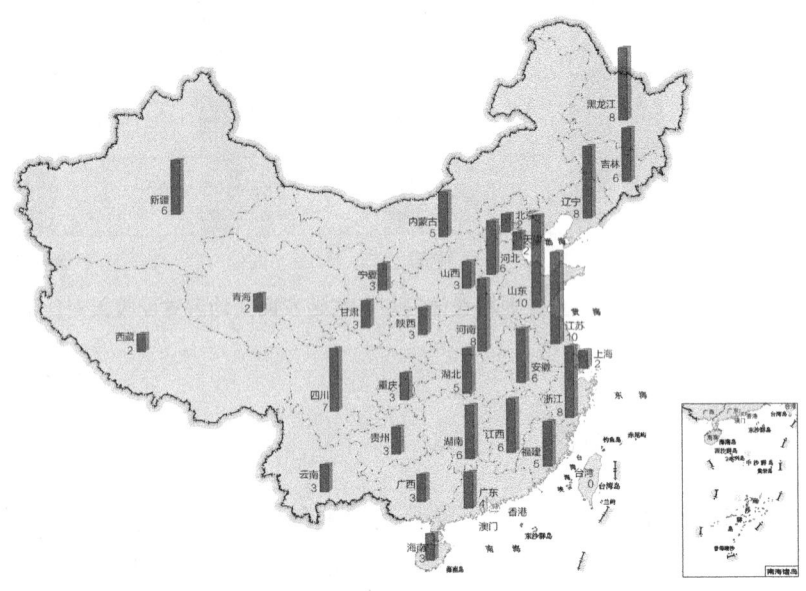

图 1-17　国家现代农业示范区布局

四、国家现代农业产业园

根据中央农村工作会议、《中共中央国务院关于深入推进农业供给侧结构性改革加快培育农业农村发展新动能的若干意见》及《2017 年政府工作报告》的部署与要求，2017 年 3 月，农业部、财政部联合开展了国家现代农业产业园创建工作。要求现代农业产业园区的创建应以促进复合生态农业发展为核心、以合理利用资源和可持续发展为目标、以合理增加农业科技投入为手段，使园区持续、稳定、高效、协调地发展。根据产业园的规划面积、园内农业人口数

---

① 农业部办公厅《关于国家现代农业示范区农业改革与建设试点三年绩效评价结果的通知》。

量、地方财政支持情况等因素,中央财政通过以奖代补方式对批准创建的国家现代农业产业园给予适当支持。①

2017年6月,四川省眉山市东坡区现代农业产业园等11家第一批国家现代农业产业园名单公布。2017年9月,安徽省宿州市埇桥区现代农业产业园等30家第二批国家现代农业产业园公布。2018年7月,农业农村部、财政部决定批准陕西省眉县等21个现代农业产业园创建国家现代农业产业园。截至2018年年底,全国共创建62个国家现代农业产业园(图1-18)。

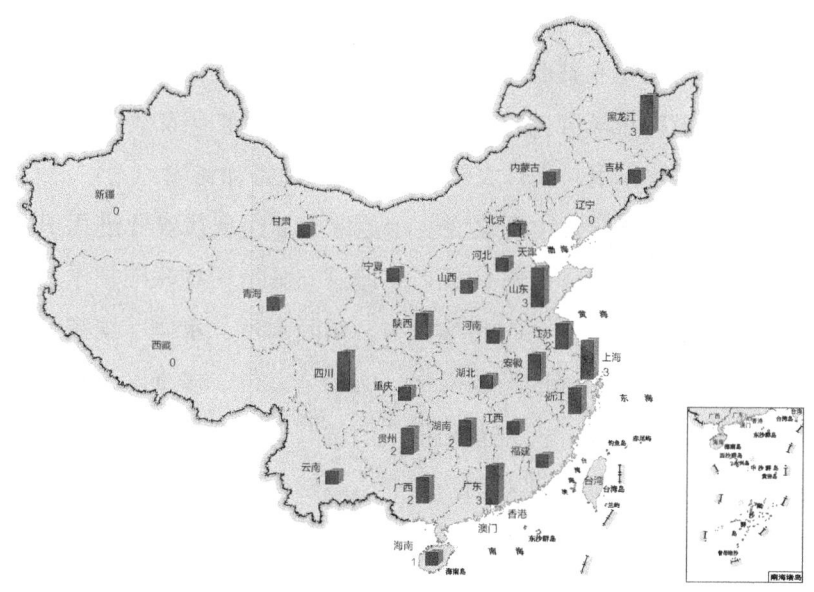

图1-18 国家现代农业产业园全国布局

(一)四川省眉山市现代农业产业园

眉山市现代农业产业园以改传统的水稻—油菜种植模式为"稻菜轮作"种植模式,建设大基地,建设大集群,培育大品牌,强化科技支撑推进利益共享。其主要做法有:一是各级党委政府的大力支持产业的长足发展;二是农业园区既坚持"姓农",也坚持融合发展;三是保持定力,咬定青山不放松,传统

---

① 农业部 财政部《关于开展国家现代农业产业园创建工作的通知》。

产业小泡菜成为经济发展的支柱产业。

2018年眉山市计划播种粮食100.78万亩，种植蔬菜45万亩，种植蔺草3.5万亩，水果面积稳定在29.5万亩；同时，整合项目改善基础设施。园区内农田基础设施按照"田成方、土成型、渠成网、路相通、沟相连、旱能灌、涝能排、土壤肥、无污染、旱涝保收"标准规划建设。此外，加强技术服务指导。在园区建设中，不断强化技术服务和创新，提高农民的科学种田水平。

（二）黑龙江省五常市现代农业产业园

五常市集成应用现代科技，推进绿色发展，推进一二三产业深度融合，发展适度规模经营，构建利益联结机制，不断完善组织管理体系。同时，在主导产业选择上牢牢把握市场导向这个关键，注重品牌维护与品牌创立，充分发挥适度规模经营的引领作用，提升农业产业园的联动带动作用。

近年来，黑龙江省五常市现代农业示范区在加速现代农业进程中着力推进了土地规模化经营，收到了较好的成效。通过充分运用物联网技术，实现稻米等农作物高度智能化生产。通过将病虫害、田间水位、水质、视频等传感器及摄像头安置于田间地头组成的监控网络，实现全方位、多维度采集园内稻田的各类信息和实时视频图像，实现对稻田"四情"即苗情、墒情、病虫情、灾情的实时监控。该园区还能实现对稻米收获、运输等信息的汇集、传输、分析、决策等功能。在五常现代农业产业园区内，农业生产实现了自动化监测、精准化作业、数字化管理、智能化决策、信息化服务。

（三）湖北省潜江市现代农业产业园

潜江市国家现代农业产业园以潜江虾—稻主导产业为主，将高质量打造现代农业新模式。园区包括园林、泰丰和杨市3个办事处，龙湾、熊口、渔洋3个镇，总面积590.8平方千米。在农业产业园建设方面潜江注重创新驱动和全产业链开发，加强规划引领，推动产业园合理布局；突出产业特色，推进一二三产业融合发展，加快产业园转型升级；强化政府主导，建立产业园良性发展机制。

第一章 全国农业农村现代化进展情况

潜江市通过建设标准化虾—稻共作生产基地，提升技术装备水平，培育壮大新型农业经营主体，龙头企业，发展虾稻特色餐饮、旅游和小龙虾文化，促进现代农业产业链、价值链、生态链升级，推进一二三产业融合。为江汉平原地区，乃至长江中下游水网区加快推进农业供给侧结构性改革，打造标杆和样板。2017年潜江市围绕"虾稻产业"建设基地、平台等5个项目，2018年启动建设农产品产地质量预警检测体系建设、潜江虾稻精深加工及冷链仓储建设、"三农"综合服务中心建设等8个项目。同时，由地方资金、企业和社会资本投资建设的6个项目也在建设之中。

第二章 区域农业农村现代化分析

第一节 山东省

改革开放以来，山东省创造了不少农村改革发展经验，贸工农一体化、农业产业化经营就出自诸城、潍坊，形成了"诸城模式""潍坊模式""寿光模式"，为全国农业农村发展做出了突出贡献。党的十八大以来，山东省委、省政府以习近平新时代中国特色社会主义思想为指导，持续推进"三农"改革发展，以占全国6%的耕地和1%的淡水资源，贡献了8%的粮食产量、9%的肉类产量、12%的水果产量、13%的蔬菜产量、14%的水产品产量和19%的花生产量，农产品出口总额占全国的24%，农业农村现代化建设取得了显著成就，在全国农业发展中占有重要地位。

一、推进农业科技创新，加强品牌建设，提升农业综合生产能力

山东省全省农业增加值居全国第1位，农、林、牧、渔业总产值接近万亿元大关。粮食总产量连续6年稳定在900亿斤以上，蔬菜、水果、肉类、水产品等主要农产品产量均居全国前列，农产品出口连续19年居全国第1位。农产品质量品牌建设实现新突破，优质绿色农产品比重持续增加，在全国率先推出"齐鲁灵秀地、品牌农产品"省级农产品整体品牌形象，启动农产品"双证制"管理，"三品一标"企业、产品分别达到3561家和7508个。农业科技创新迈出新步伐，物质技术装备条件极大改善，农作物耕种收综合机械化率达到83%，农业科技进步贡献率达到63.27%。农村一二三产业交叉融合，农业"新六产"的框架布局基本形成，农村电商、定制农业等新兴业态蓬勃发展。

二、推动农村集体产权改革，加强基础设施建设，增强农村发展活力

一是全省农村集体土地承包经营权确权登记颁证任务基本完成，全省农村土地承包经营权流转面积达到家庭承包耕地面积的34%，土地经营规模化率达到40%以上。农村集体产权制度改革实施意见出台，纳入全省经济社会发展综合考核体系。农村"两权"抵押贷款试点启动，建立农村产权交易中心，形成县乡村三级联动运作模式。稳步扩大特色农产品目标价格保险试点范围，农产品价格形成机制不断完善。新型农业经营主体发展壮大，全省规模以上龙头企业达到9600家，农民合作社19.2万家，家庭农场5.5万家，农业社会化服务组织超过20万个。二是不断加强农村基础设施建设，农村道路、厕所、供暖、供电、学校、住房、饮水"七改"工程全面提速，人居环境整治加快推进。全省基本形成以县道为骨架、以乡道为支线、以村道为脉络的农村公路网络体系，实现了与国省干线公路及城市道路的有效对接互通，在"村村通"的基础上启动农村道路"户户通"工程。农村垃圾污水治理水平显著提高，实现城乡环卫一体化所有村庄全覆盖，形成了成熟的"户集、村收、镇运、县处理"垃圾处理模式，"建设运营一体、区域连片治理"的污水治理模式初步形成。大力推进农村危房改造，累计改造危房近40万户，建档立卡贫困户危房改造任务基本完成。

三、统筹城乡发展，打响脱贫攻坚战，提升乡村治理水平

一是以人为核心的新型城镇化水平稳步提升，全省常住人口、户籍人口城镇化率分别达到60%和50%以上。城乡居民收入比持续缩小，农村居民人均可支配收入增速连续7年高于城镇居民。农村公共服务不断完善，整合建立起全省统一、城乡一体的居民基本医疗保险制度，医疗保险待遇水平稳步提升；推进城乡居民养老保险整合，在全国率先建立起省、市、县三级完整的居民养老保险制度体系；推进县域义务教育优质均衡发展，优质教育资源向农村和贫困地区延伸。二是全面打响脱贫攻坚战，向贫困发起总攻，建立完善了五级书记抓、党政一起上的脱贫攻坚领导体系，省负总责、市抓推进、县乡抓落实的

责任体系，多渠道全方位的监督体系和最严格的考核评估体系。坚持精准扶贫精准脱贫基本方略，形成"1+25+23"脱贫攻坚政策体系，积极推进光伏、旅游、电商、金融、教育等重点领域扶贫，构建了产业、行业、社会扶贫开发新格局。全省各级共选派4万多名第一书记驻村抓党建促脱贫攻坚，8600家企业开展结对帮扶。5年累计实现500多万名省标以下贫困人口稳定脱贫，贫困发生率由7.2%下降到0.3%。三是大力推进过硬支部建设，全面推行村级重大事项民主决策、民主管理、民主监督，落实"四议两公开"、党务村务财务公开、村干部"小微权力清单"等制度，有效保障了村民参与村庄管理的权利。加强农村法治体系建设，实施"雪亮工程"，开展"民主法治示范村"创建活动。加强农村德治体系建设，开展"四德工程"示范县创建，实现行政村善行义举"四德榜"全覆盖。乡村治理能力和水平不断提高，农村稳定和谐局面更加巩固。

第二节 浙江省

浙江省在农业农村现代化发展领域，在全国创造了多项第一。浙江省是全国唯一一个现代生态循环农业试点省、首个畜牧业绿色发展示范省、首个农业"机器换人"示范省、首个推行生产、供销、信用"三位一体"农合联组织改革建设的试点省。

一、推进农业机械化、设施化、智能化应用，推动农业科技创新发展

深入实施农业领域"机器换人"，通过加快先进适用农业技术装备推广应用，进一步提高农业装备覆盖率、渗透率。2015年年底设施大棚数量达到近300万个，农业物联网示范基地200个，水稻耕种收综合机械化率达73.5%。大力发展生态循环农业。

二、依托现代生态循环农业试点省建设，打造生态农业、特色农业产业链

浙江省在2015年已全面完成全国唯一一个现代生态循环农业试点省创建，

并成为全国首个畜牧业绿色发展示范省。按照"场区建设美、环境生态美、品牌文化美、设施配套优、生产管理优"的要求，建设了一批省级美丽生态牧场。积极推广"主体小循环、园区中循环、区域大循环"的多层次、多形式生态循环模式，推动农业废弃物无害化处理、资源化循环利用。着力打造农业集聚区和特色农业强镇。目前，全省已经形成了以茶叶、丝绸、黄酒、中药等16个农业相关历史经典产业为基础的"产、城、人、文"融合的特色农业小镇，正在积极培育30个左右农业产业集聚区和100个左右特色农业强镇。全省已建成畜牧、水产、竹木等示范性农业全产业链29条，年总产值超过1000亿元。

三、构建新型农民合作服务体系，推进农村"三权"改革，建设美丽乡村

浙江省率先在全国探索构建生产、供销、信用"三位一体"的新型农民合作服务体系和社会化服务体系建设。目前，所有地级市和大部分县市已建立了农合联组织。2015年浙江省农民专业合作社总数已达45 989家，成员116.2万个，专业合作社经营服务总收入达到519.8亿元。在农村现代化方面，浙江省率先在全国推进农村"三权"改革，各地各部门加快推进农地、宅基地、农村集体产权的确权、登记、颁证等基础性工作。截至2015年年底，全省99.4%的村社完成改革，在全国率先全面完成农村集体资产确权工作。部署推进"打造整洁田园、建设美丽农业"行动计划，持续深入开展田园环境整治行动，整体改善视觉效果。全面推行农村生活垃圾集中收集处理，建制村覆盖率达到100%。

第三节　广东省

一、开展农业关键技术研究应用，提升农业科技创新服务能力

广东省农业高新技术产业发展较为突出，在关键技术研究与应用、农业科技自主创新平台建设、农业科技服务能力提升等方面取得了显著进展。在推进农村现代化方面，以农村土地制度改革为契机，努力将小农生产引进现代农

业发展轨道。广东省在植物资源收集鉴评、森林生态系统演变、动植物品种选育、畜禽水产健康高效养殖、重大动物的疫病防控、土壤水肥调控、特色农产品保鲜加工、食物安全检测等领域取得了重大技术突破。截至目前，在农业领域，广东省已建成国家重点实验室 2 个、国家级工程中心 1 个、省部级重点实验室 31 个，科技创新平台和农业科研机构综合实力排名位居全国前列，创新平台的建设与完善显著提升了农业科技自主创新能力。

二、深入推进农业科技改革，以市场为导向发展效益农业

按照产业兴旺、生态宜居、乡风文明、治理有效、生活富裕的总要求，广东省深入推进科技创新、成果转化应用、农技推广服务三大体系建设，当前全省农业科技进步贡献率达 67%、居全国第 2 位；畜禽种业方面新品种（配套系）、国家级核心育种场和良种扩繁推广基地数量及猪鸡种苗供应量均居全国第 1 位。农村土地承包经营权改革委为农业规模经营扫清障碍，据统计，2017 年全省新型农业经营主体多种形式带动 620.5 万农户"抱团"经营提升小农生产竞争力，促进农业适度规模经营面积占比为 37.41%，畜禽养殖规模化率为 63%、高出全国水平 7 个百分点。同时，开展"政银保""投贷补"等金融支农创新和农村土地经营权、农民住房财产权及林权抵押贷款试点，2017 年土地经营权抵押贷款试点地区累计发放贷款 8.35 亿元，金融服务"村村通"覆盖面达到 98%，政策性涉农保险品种从 2010 年的 2 个增加到目前的 18 个。

第四节　江苏省

一、推进智能农业发展，大力提升农业科技创新能力

在农业现代化方面，江苏省大力推进智能农业的发展，与以色列合资的 AWL 农业科技（泰州）有限公司研发的植物本体传感器、智能灌溉水肥一体化系统处于国际先进水平。农业物联网技术连续数年被纳入全省农业重大技术推广计划，目前在设施园艺、畜禽养殖、水产养殖、大田种植等领域都有推广应

用，部分行业的应用速度呈明显加快趋势，应用范围逐步涵盖远程监控、智能调控、质量溯源、指挥调度等各个方面，涉及产前、产中和产后各个环节。例如，无锡世外园生态农庄90多亩基地应用物联网技术，实现了对大棚设施光照、温度、湿度、灌溉等智能化控制，大大减少了劳动用工与肥水用量，亩均效益达3万元以上。常州家绿林果园艺引进全自动播种、机器人种植、自动化搬运、自动分级、智能温室等技术，年产花卉200余万株，花卉种苗和蔬菜种苗超1亿株，年销售额2.5亿元。张家港市永联村成功破解了长江刀鱼、鲥鱼繁育与规模化养殖的难题，掌握了刀鱼、鲥鱼、河豚等江鲜从孵化、育苗到养殖成品鱼的全套生产流程。

二、推进农村农业新产业、新业态和新模式发展，提升全省农业现代化水平

一是大力推进新型农业经营主体建设。江苏省累计认定家庭农场4.4万家，其中省级示范农场1142个。创建国家示范农民合作社496家，总数居全国第2位。县级以上农业龙头企业7465家，其中国家级61家，总数居全国第2位，省级675家，带动省内农户数667.4万户，占全省总农户数的46.8%。二是大力促进农村电子商务发展。2017年，全省农产品网络销售额364亿元，同比增长27.7%，增幅连续多年保持在25%以上，农村电商综合发展水平位居全国前列。全省活跃农产品网店15万家，有销量农产品超过100万个。创建国家电子商务进农村综合示范县7个、省级农村电商示范县28个、省级农村电商示范镇125个、省级农村示范村260个、乡镇电子商务特色产业园（街）区50个、电商人才培训基地33个。休闲农业新业态持续推进。三是加快绿色农业发展步伐。截至2017年年底，全省"三品一标"有效数达1.8万个，累计认证无公害水产品2101个。全省规模场畜禽粪便综合利用率达91%，全省80%以上的畜禽规模养殖场通过技术改造实现"三分离"；商品有机肥年生产能力250多万吨，年消纳畜禽粪便近1000万吨。在盐城、徐州、连云港等地建设发酵床近1200个，面积12万平方米，基本做到"零排放"。

第五节 湖北省

2012年年初以来，湖北省大力加强对农业农村现代化的发展，农业农村现代化水平不断加深。党的十九大以来，全省认真贯彻落实党的十九大精神，坚持农业农村优先发展，坚持质量兴农、绿色兴农，加快建设农业强省。

一、健全农业发展政策体系，建设农业农村现代化强省

近年来，湖北省委省政府出台了《省人民政府关于印发湖北省农业发展"十三五"规划纲要的通知》《中共湖北省委湖北省人民政府关于推进乡村振兴战略实施的意见》（以下简称《意见》）等纲领性政策文件，强化顶层设计，从农业基础设施建设、农业科技创新和社会化服务水平、城乡融合、农业产业化经营、农村集体产权制度改革等方面提出发展举措，为农业农村现代化保驾护航。《意见》提出要实施荆楚农优品工程，打造品牌建设，发展特色农业；实施农村电商工程，实现快递、电商服务点村村覆盖；围绕优质农产品，提高种业创新和保障能力，培育种业创新基地，深入推进农业科技创新发展。2017年湖北省农产品加工业产值与农业总产值之比由1.9提高到2.4。建成高标准农田2490万亩，综合生产能力明显增强，粮食产量突破500亿斤。

二、开展农业重大关键技术攻关，大力推进农业科技成果转化

近年来，通过实施湖北省技术创新专项重大项目，持续加强农产品质量安全、农业良种培育及农产品生产加工、农业信息化、特色农业等方面重大关键技术研发。2018年结合农业领域创新平台的研发重点，共支持畜禽主要细菌性疫病诊断、淡水鱼健康养殖与品质提升、农田重金属与面源污染监测及土壤改良修复、优质小麦新品种选育、智慧农业智能化精准控制等46项重大项目，着力攻克一批农业领域产业核心、关键共性技术。通过科技成果大转化工程与农业科技成果转化资金的有机结合，加快优秀科技成果向农业生产一线转化。积极引导高校院所、农业企业、投资公司之间的有效对接，组织专班到华中农业大学、湖北省农科院、武汉轻工大学、武汉市农科院、武汉科前生物股份有限

公司、武汉中博生化有限公司、武汉国家农业科技园区等单位对接成果转化。截至目前，引导投资机构投资农业科技成果25项，引导工程技术研究中心转让成果116项，推动公益性科技成果转化项目150多项，仅成果转让费超1亿元。

三、构建农业高新技术产业链，提升全省农业科技创新能力

在农业高技术领域，以生物技术在农业领域应用为代表的农业高新技术产业正在蓄势待发。湖北省在基因组学与分子育种、动植物转基因育种等农业生物技术领域有着很强的创新能力，动植物新品种培育与良种产业化位居全国前列，先后诞生了世界第一个克隆鱼、我国第一个试管猪和第一个转基因植物新品种，是我国最大的兽用和鱼用药的研发及产业化基地，生物育种、生物农药、生物肥料等农业高新技术产业市场需求空间巨大，相关产业发展正迈入快车道。为继续发挥湖北省的农业生物优势，促进湖北省成为全国重要的农业生物技术创新和产业化基地，提升湖北省农产品的国际竞争力，扩大其生物产业规模，湖北省创建了6个生物技术创新团队，推进了10个以上的生物技术创新平台建设。

四、推进农业科技园区建设，完善农业科技创新平台体系

加强园区资金支持，组织开展了2018年度农业科技创新引导项目申报工作，明确采取前资助、后补助相结合的投入方式，其中重点支持农业科技园区主导产业的技术创新与示范，农业园区类技术集成与示范项目支持强度不低于10万元/项。目前，荆州高新区成功获批，襄阳、孝感正在争创国家农业科技园区，全省农业领域现有国家级科技示范区1家、国家级农业科技园区8家、省级农业类高新区1家、省级农业科技园区42家；拥有农业科技创新示范基地111家，涵盖全省所有涉农县市区。支持成立了湖北省小龙虾产业技术研究院、香菇产业技术研究院。组织华中农业大学、湖北省农科院、武汉大学等12个单位成立了"湖北省淡水产品加工产业技术创新战略联盟"。围绕产业链重点技术创新需求，建设高山蔬菜、饲用玉米、土壤污染修复领域省级工程技术研究中心。目前，全省农业领域现有科技创新平台共303个，其中，省级以上

工程技术研究中心 164 个、省级以上重点实验室 25 个、产业技术创新战略联盟 14 家、校企共建研发中心 97 个、产业技术研究院 3 家。

五、加强电网、环境等基础设施建设，提升农村现代化水平

在推进农村现代化方面，湖北省大力推进基础设施建设，大力实施城乡供水一体化进村入户工程和农村电网改造升级工程，确保高标准农田项目区供电设施有效配套。实施数字乡村工程，推进光纤宽带覆盖向自然村延伸，开发适应"三农"的特色信息产品和服务。同时，积极推广"厕所革命"试点工作，开展厕所"五大攻坚行动"，加快乡镇污水处理站建设，基本实现了无害化卫生厕所全覆盖和城乡污水集中处理全覆盖，保持了农村生活垃圾无害化处理全覆盖。

第六节　安徽省

在农业领域，安徽的粮食等主要农产品常年产量位居全国前列，在全国农业布局中占据重要地位。安徽省全面贯彻中央提出的创新、协调、绿色、开放、共享发展新理念和农业供给侧结构性改革等新精神，立足安徽"三农"发展改革实际，将推进现代生态农业产业化建设作为推进农业现代化推进工程的主抓手，全面推动美好安徽建设。

一、切换农业发展动力，纵深农业供给侧结构性改革发展

安徽全省各级农业部门以新发展理念为指引，按照中央和省委、省政府决策部署，深入推进农业供给侧结构性改革，走质量兴农、绿色发展之路，现代农业步履铿锵。发展动力切换，由主要依靠物质要素投入转向更多依靠科技创新和提高劳动者素质。2017 年，全省农业科技进步贡献率达 62%，高于全国 4.5 个百分点；农民合作社、家庭农场分别达 8.9 万家和 7.7 万家，其中，家庭农场数量居全国第 1 位；培育新型职业农民 5 万人。

二、开展农业园区示范、可持续发展示范工作，推进全省农业现代化建设

安徽省在推进农业现代化方面，提出围绕加快转变农业发展方式，构建现代农业产业体系、生产体系和经营体系，以品牌化运营打造产品生态圈，以联合体组织打造企业生态圈，以复合式循环打造区域产业生态圈。优先在具备条件的国家现代农业示范区、国家农业科技园区内开展农业可持续发展试验示范工作。通过集成示范农业资源高效利用、环境综合治理、生态有效保护等领域先进适用技术，探索适合不同区域的农业可持续发展管理与运行机制，形成可复制、可推广的农业可持续发展典型模式，打造可持续发展农业的样板。依托现代农业示范区、农业产业化示范区，建设一批现代生态农业产业化示范市，示范县（市、区）、示范区和示范主体，探索农业资源循环、高效利用模式。2017年，全省已创建国家级现代农业示范区13个，认定省级现代农业示范区97个，重点实施了绿色增效、品牌建设、科技推广、主体培育、改革创新"五大行动"，通过示范推广不断提升农业技术装备水平，安徽省正由农业大省向农业强省加速跨越。

三、开展美丽乡村示范建设，提升农业农村现代化治理水平

安徽省从顶层设计出发，大力推进农村环境改善，推进美好乡村建设，科学编制村庄整治规划，深入开展三线三边治理建设，开展美丽乡村建设示范，开展"三大革命"（农村垃圾、污水、厕所专项整治），以农村危房改造、生活垃圾和污水治理、绿色村镇创建等为重点，完善村庄基础设施，改善农村人居环境，加快农村环境综合整治，积极发展光伏、秸秆发电和农村沼气，加快构建农村清洁能源体系。2017年，在全省31个国家和省扶贫开发工作重点县开展农村厕所改造试点，全省有194个乡镇政府驻地建成生活污水处理设施、299个乡镇在建、662个乡镇未建，全省有2539个美丽乡村中心村建有生活污水处理设施。

第七节 河南省

近年来,河南省推进农业发展方式转变,坚持走具有中原特点的新型农业现代化道路,建设现代化高标准粮田和发展现代农业产业化集群。

一、优化农业生产结构和区域布局,推动农业提质增效

从追求产到追求质,河南省改变粗放式种地,开展智慧农业和机械化种植及更加科学的种粮。目前,全省小麦良种覆盖率和耕种收综合机械化率达到98%以上,河南省生产的粮食,不仅养活了1亿河南人,每年还向省外销售400亿斤原粮和粮食加工转化产品。从粗加工到新业态,全省已规划培育产业集群542个,规模以上农产品加工企业7862家,上半年实现营业收入1.15万亿元,占全省规模以上工业企业营业收入的29.69%。

二、强化全省农产品加工业,不断推动农业产业化发展

农产品加工业快速发展,已成为经济发展中新的重要增长点。现在全省农产品加工业年产值已占全国的十分之一强,如果不算水产品产值,就是全国第1位。食品工业已成为河南万亿元级产业和第一大支柱产业。大用集团开始生产消费者加热即食的中式营养餐,永达集团多次为航天员提供食品,以速冻食品起家的三全公司加大了对鲜食、餐饮业务的开拓。三全、思念引领了速冻产业,双汇开发了分割肉产品,好想你开拓了枣产业,这些都是创新发展的结果。除此之外,河南省还着力吸引社会资金、各类人才到农村投资兴业。目前,全省各类新型经营主体已发展到23.6万个,农业农村新动能不断涌现。

第八节 湖南省

作为农业大省,湖南省承担着保障国家粮食安全和主要农产品有效供给的重任,党中央、国务院对湖南农业十分关心、寄予厚望。2016年两会期间,习近平总书记参加湖南省代表团审议时殷殷嘱托,要求湖南省"着力推进农业现

代化""提高农业综合效益和竞争力"。

一、以3个"百千万"工程为抓手，努力提升农业机械化、规模化、集约化水平

实施"百企千社万户"工程，重点扶持100家龙头企业、1000个现代农机合作社、10 000户家庭农场，培育新型经营主体。实施"百片千园万名"工程，建设100个农业结构调整示范片，创建1000个现代农业产业园，选派10 000名农业科技人员下乡，破解科技入田难题。实施"百城千镇万村"工程，以100个县级以上城市为主中心，以1000个乡镇为次中心，带动周边10 000个村，打造美丽乡村，统筹城乡发展。在"百千万"工程扶持下，新型农业经营主体加速壮大。目前，湖南省已建设农业标准化基地4200万亩，累计认定省级现代农业综合园155个、特色产业园486个。累计认定家庭农场3.35万家、新型职业农民5.5万人，农民合作社发展到7.3万个，农业社会化服务组织发展到4.5万个。农产品加工业年销售收入突破1.5万亿元，跻身全国七强。休闲农业、乡村旅游蓬勃发展，年经营收入已突破400亿元，推动了农业主体多元化、产业专业化、业态多样化。

二、以农业领域关键技术为突破，提升农业科技创新能力

湖南省生物技术、农业信息技术、生物质能源技术、农产品加工技术等方面发展较为突出，如生物领域的超级杂交水稻、杂交油菜、油茶育种与栽培、良种生猪选育等处于国内领先地位；在农业信息技术领域，湖南省是国家863智能化农业推广应用示范区；在生物质能源方面，生物质气化、生物柴油等新能源创新具有一定基础；在农产品加工领域，大米加工、茯茶加工、柑橘加工、猕猴桃深加工均取得一批重大关键技术的突破。在农业高新技术产业领域，现代种苗、农副产品精深加工、生物饲料、植物有效成分提取、生物农资、现代农业装备等产业初具规模，如超级杂交稻等多个领域处于国际领先水平，植物有效成分提取在我国乃至国际市场具有重要地位，饲料总产量位居全国第4位。2017年，农业科技进步贡献率达到58%。

三、以绿色农业、智慧农业发展为抓手，推动农业综合产能提升

近年来，湖南省大力发展绿色农业，森林覆盖率由 1978 年的 38.9% 提高到 2017 年的 59.68%，绿色发展指数居全国第 8 位。化肥使用总量呈下降趋势，农药用量实现负增长，利用率提高到 36.5%，主要农作物测土配方施肥率达 90% 以上。湘江干流规模养殖已全部退出，4000 多家规模养殖场配套建设大中型沼气工程，在 26 个生猪调出大县整县推进畜禽粪污资源化利用，全省畜禽粪污资源化利用率达到 64%，畜禽养殖废弃物资源化利用经验、模式在全国推广。农业农村综合信息服务体系覆盖率达 95%，启动农业农村智慧产业体系建设，跻身全国信息进村入户工程整省推进示范省。农业综合产能显著增强。

第九节　陕西省

在实现农业农村现代化进程中，陕西省主要以产业发展型模式为主，其他发展型模式为辅，采取并驾齐驱的方式，实现各县市的农业、农村、农民的现代化发展，在经济、政治、文化、环境方面取得了很好的效果。

一、推进农业科技创新示范推广，提升农业农村现代化建设水平

陕西省大力推进现代农业新技术创新、示范与推广，形成了农作物良种、蔬菜、苗木、良种猪繁育、良种肉牛繁育、花卉、食用菌、经济林果等产业和一批产业链。陕西杨凌拥有国家农业高新技术产业示范区，把科技创新作为立区之本、把示范辐射作为核心任务、把产业发展作为重要依托、把城乡一体化作为发展方向，进行现代农业新技术创新、示范与推广；规划并启动建设了 100 平方千米的杨凌现代农业示范园区，核心示范功能初步显现；在农牧良种业方面拥有肉牛品种改良和奶(肉)牛繁育、杂交小麦、"双低"杂交油菜等先进的技术成果和优良品种，市场辐射西北五省区，已成为西北地区最重要的农牧良种集散地。

二、实施城乡政策一体化，提高农民社会保障和生活质量水准

陕西省在农业农村工作上，按照"城乡政策一致、规划建设一体、公共服务均等、收入水平相当"的要求，以"三强一富一美"为目标，不断创新农业生产经营体制，进一步提高县域工业化和城镇化水平，大幅增加农民收入，加快推进城乡发展一体化步伐，促进城乡共同繁荣。按照"城乡政策一致、补助标准就高不就低"原则，从2012年起实现了城乡居民31项政策全部统一，农民在低保、养老、医保等方面与市民享受同等政策待遇。园区"六横五纵"城市路网基本形成，城区面积从22平方千米扩大到35平方千米，"一城两镇、五个新型社区、若干个美丽乡村"的城乡格局初具雏形，在陕西全省率先实现了光网、免费无线网城乡全覆盖和城乡公交一体化。

第十节 四川省

四川省作为农业大省，具有丰富的农业自然资源，在加快推进农业农村现代化建设方面，适应市场变化、满足市场需求，充分发挥比较优势，通过进一步优化农业区域布局、优化种养业结构、开发农业多种功能等，深入推进农业结构调整。

一、强化"三区一园"和品牌化建设，推动全省农业产业合作发展

四川省把"三区一园"作为重要抓手。出台建设意见，率先完成了都江堰灌区"两区"划定，新建高标准农田410万亩；创建了230个现代农业产业融合示范园区、3个国家现代农业产业园；创建了3个国家级特色农产品优势区。促进粮食总产量达到3498.4万吨，增产0.4%，农业产业结构调整持续推进，粮改饲面积增加、效益显现，果菜茶、肉蛋奶、水产品较快发展。把品牌化信息化作为关键引领。出台品牌建设指导意见，实施"五大工程"，首次集中开展品牌推介，蒙顶山茶被评为"中国十大茶叶区域公共品牌"。整省推进信息进村入户示范，建成益农信息社20 745个。把对外合作作为重点延伸。与省进出口检

验检疫局签署合作备忘录，加强出口基地建设，开拓农产品境外市场，启动蔬菜直供港澳试点，推进境外农业园区建设。

二、推进农业农村全面改革，提升农业发展质量

大力推进产权制度改革，全省6个县被纳入全国试点，省级试点县扩大到30个，清产核资在127个县开展，股份合作制改革试点在67个县开展，覆盖所有市州，"三权分置"并行效应快速释放。全省农业农村改革全面深入，农村土地承包关系进一步明晰，探索出了"农业共营制"等全国示范模式，形成"土地股份合作社+农业职业经理人+现代农业服务体系"三位一体的农业经营模式。新型经营主体带动农民发展现代农业、持续稳定增收的产业化经营机制逐步健全，新型农业经营体系建设实现了经营方式由分散经营向规模经营转变等"八个转变"，农村集体资产股份合作制改革试点取得成员确认等"六大突破"，农民群众获得感更加充实。

三、建立绿色生态导向制度，推进全省农业可持续发展

扎实推进农业绿色发展，建立了以绿色生态为导向的补贴制度，创建国家农业可持续发展试验示范区1个、国家畜牧业绿色发展示范县3个。强化农业清洁生产，推广种养循环发展模式，实施了种养循环整县推进、有机肥替代化肥试点等一批引领性项目，畜禽粪污资源化利用率稳步提高，化肥使用量保持零增长，农药使用量减少1500吨，秸秆综合利用率达到84%以上。发展适度规模经营，土地流转率比2014年推进试点前提高了11.6个百分点，畜禽养殖规模化率提高到40%以上。实施秸秆综合利用、畜禽粪污综合利用、化肥农药零增长等行动，落实"一控两减三基本"要求，化肥农药使用量分别连续2年和3年负增长，秸秆综合利用率提高8.1个百分点。草原植被综合盖度提高2.5个百分点，达到84.8%，比全国主要牧区高30.2个百分点。农膜、农药包装废弃物回收率分别达到69.2%、38.0%，绿色发展转型升级成效明显。

四、促进农村一二三产业融合，提升农业综合生产能力

全省大力调整种养业结构，促进农村一二三产业融合发展，强化农产品质量安全监管，成效明显。生猪出栏稳定在 7000 万头左右，稻渔综合种养面积居西部第 1 位。"三品一标"农产品达到 5142 个，增加了 20.3%，创建了 1040 个部省级畜禽养殖标准化示范场、139 个部级水产健康养殖示范场。率先在全国建成省级农产品质量安全追溯管理信息平台，农产品监测合格率稳定在 97% 以上。动植物疫病防控取得重大成效，全面完成生猪屠宰行业清理整顿，屠宰场（点）数量较整顿前压缩 46%。提高物质装备水平成效明显，主要农作物良种化率达到 96%，创建了 19 个部省级畜禽核心育种场，争取政府投入支持外种猪引进，启动省级生猪联合育种平台建设。育成了大恒肉鸡配套系等一批突破性新品种，草原科学研究院"青藏高原特色牧草种质资源挖掘与育种应用"项目获国家科技进步奖二等奖，农业科技进步贡献率达到 58%，机械化水平达到 57%，5 年分别提高 3 个百分点和 14 个百分点，激发农村内生动力成效明显。

第三章 县域农业农村现代化分析

第一节 河北省

一、正定县

正定县为河北省石家庄市下辖县,曾先后荣获国家可持续发展先进示范区、全国科技进步先进县、国家知识产权强县工程试点县等荣誉称号。近年来,正定县认真落实高新技术产业认证奖励政策,给企业创新增财力。截至2016年年底,全县高新技术企业达到21家,高新技术产业主营收入占规模以上工业企业主营业务收入的16.9%,其中农业高新技术产业发展占高新技术产业主营收入的20.0%。依托多种创新创业主体和载体,加强科技成果转化和应用。依托高新技术企业、创新型企业及众创空间等主体和载体,加强科技成果的转化和应用,增强核心竞争力,促进企业发展。2016年年底,全县高新技术企业达到21家,省级创新型企业2家,市级创新型企业8家;建有院士工作站2家,省级工程技术研究中心2家,市级中心12家;国家级众创空间2家,省级众创空间2家,市级5家。

正定县塔元庄村位于河北省省会石家庄北侧15千米,正定城西1.5千米,坐落在滹沱河北岸。该村曾荣获全国文明村、中国最美休闲乡村、全国妇联基层组织建设示范村、农业部环境卫生示范村、省级新民居工程示范村、省文明先进示范村等称号。一是着力于改善生活环境,共享发展成果。2008年3月,该村"旧村改造"工程正式启动,村民拆除旧宅院,腾出土地建起4栋居民楼,97户村民高高兴兴乔迁新楼。截至2010年,全村1800多名村民不花一分钱,统一入住每套100多平方米的新楼房,"居住在农村,生活在城市"的梦想照进了现实。从2009年至今,不断加大楼区配套设施建设投入,每个楼区投资30

余万元进行路面铺砖,修建休闲绿地等,配建了 2500 平方米的中心超市,投资 200 多万元建设了楼区取暖设施,取暖采用了环保型水源热泵技术。投资 190 万元完成了排污管网铺设,并联通县管网。实现了垃圾分类处理,购买了垃圾运输车、铲车等设备,建设了垃圾氧化塔。2010 年投资 100 万元在村中心建成了占地 1 万平方米的村民活动广场,广场安装有健身路径 20 件,标准篮球场 1 座,并投资 30 万元配备了广场夜间照明设施。建立"光彩金居"养老服务中心,利用现代化的居家养老服务信息科技为农村老人提供了更科学、更便捷的养老服务,村民生活水平大幅提升,村内文明家庭达到了 98%,塔元庄村成为老有所养、病有所医的文明村。二是坚持科技引领,致富一方群众。引进河北慧聪电子商务公司入驻科技园,合作打造电子商务产业园区和省级农业科技园区,塔元庄开始步入"互联网+"时代。与京津冀技术转移联盟合作,打造了国家级众创空间——冀成农场;引进了中国农科院国家技术转移中心,共同打造了国家级塔元庄时和年丰星创天地;与河北省妇联共同打造了基于农村女同志手工艺品的巾帼创客空间。三个创客空间,共吸引了 60 多家创业团队,其中大学生创业人数达 300 人以上,农村女同志创客达到了 100 人左右,申请专利等 10 余项,孵化了一个科技中小型企业,获得省级以上奖励 6 项,获得了农业部中国优质农产品协会"创业创新示范基地"等荣誉称号。农业科技园区与中国农科院国际技术转移中心合作,共引进蔬菜新品种 9 个,建设无花果种植采摘基地 1000 亩。采用新的水培技术和立体栽培技术,种植了各类蔬菜,包括白菜、菠菜、西红柿等 20 余品种,并对外开放推广水培技术。采用暖棚,驯化技术种植了南方的木瓜、火龙果等品种,实现了可推广的集种植、采摘、有经济效益的实施方案。同时,设立集科技、孵化功能的梦想小镇,设立无土栽培种植示范区、名优花卉种植示范区、农产品展销区、休闲餐饮娱乐区等 5 个区域,形成百菜园、奇瓜园、空中菜园、空中飞车、亲子体验、戏水摸鱼等观光景点,为村民开辟了新的增收渠道,10 多年前,村民人均纯收入不足 4000 元,2017 年增加到 2.1 万元。过去村集体负债 30 万元,2017 年收入 1000 万元。

二、曲周县

曲周县为河北省邯郸市下辖县，位于河北省南部、邯郸市东北部。被评为全国科技进步先进县、国家园林县城、全国农村改革试验区、国家粮食丰产工程先进单位等。曲周县坚持实施创新驱动战略，把科技创新作为引领发展的第一动力，培育了一片高新技术企业集群，形成了良好的创新发展氛围，推动了全县经济生活快速发展。依托国家农业科技园区，搭平台壮筋骨，畅通企业创新发展高速路。一是搭建企校合作平台，实现科技"嫁接"。充分发挥与中国农大40多年的县校合作优势，支持企业广交全国高校，借力借智，共赢发展，先后与清华大学、天津科技大学、中科院等国内30多所著名院校建立了产学研合作关系，实现了全县每一家规模企业的背后都有1~2家科研院所作为科技支撑。目前，全县高新技术企业达到22家，居全市前列。二是搭建国家园区平台，实现农业"升级"。2013年河北邯郸国家农业科技园区获批以来，曲周县积极沟通对接，融合资源要素，扎实推进建设考核每一个环节。曲周县以培育天然提取物、农产品深加工、种苗繁育三大特色产业为重点，投资12.86亿元全面完成了水路电讯等基础设施，核心区企业投资56亿元，完成了现代农业科技服务园和农产品深加工区、生物产业区、高效种养殖区、现代物流交易区"一园四区"的建设目标。园区内入驻企业87家，拥有2家国家级、6家省级农业产业化龙头企业，高新技术企业13家，上市公司4家。

曲周县安寨镇前衙村是一个葡萄种植专业村，96%以上的农户均种植葡萄，葡萄种植发展到2000余亩，年产葡萄8000余吨，亩均纯收入8000元左右，仅葡萄种植一项每年可为全村增收1600余万元，人均年增收万余元。在邯郸市举办的第二届葡萄文化采摘节上，该村选送的葡萄品种荣获优秀奖。2016年以来，前衙村在美丽乡村建设的同时，立足葡萄产业，积极探索发展壮大集体经济新途径，按照"党支部+合作社"的新模式，由村党支部牵头成立了前衙村土地股份合作社，合作社与中国农大、农技部门、知名企业合作，对接葡萄产业项目，依靠科技引领，促进品质化提升，推广应用葡萄技术成果。为加强产学研用合作，将先进适用技术与生产实践应用完美贴合，提高村庄绿色可持续发展水平，前衙村委书记龙书云于 2017 年邀请中国农业大学科技小院教授李晓林带领研究生进村驻扎，建立以科技小院为中心的平台，中国农业大学和科技小院的师生与前衙葡萄生产一线紧密联手打造的葡萄创新产业，促进实现农村绿色可持续发展的前提下的乡村振兴战略。3 名驻扎研究生将示范田种在农户之间，亲身经历中学习、吸收农民实际生产中的智慧，同时引进了测土配方施肥、滴灌技术，水肥一体综合管理技术，覆膜技术，套袋技术等 5 项先进技术，为农民开辟了一条绿色可持续的农业发展道路。同时，为了丰富前衙村种植模式，推动传统产业转型升级，在村中设立旱稻试验田 10 亩，一年两季，一季生长期为 4 个月，从而代替传统的小麦—玉米轮作模式，同时改善葡萄重茬问题，促进改善土壤理化性质，预计每亩地可增收 4000～5000 元。

第二节 浙江省

一、新昌县

新昌是中国名茶之乡，建有茶叶、小京生花生、花卉、高山蔬菜等 11 个万亩级基地，特别是茶叶产业一枝独秀，是全国十大重点产茶县、全国十大生态产茶县、中国茶叶产业发展示范县。新昌县依托科技创新不断推动传统农业向现代农业转型，实现了农业农村现代化的跨越。一是立足资源禀赋优势，把发展现代农业作为促进农民增收的重要途径。围绕"1+6+X"的产业发展思路，做强茶叶优势产业，提升发展优质水果、高山蔬菜、干果、中药材、花卉苗木、特种养殖六大特色块状产业，发展休闲观光农业和农产品加工的特色高效农业。以"农业两区"建设和"万元亩产"行动为载体，大力发展高效农业、品质农业、休闲农业和生态农业，确保农业安全。二是以科技创新推动产业转型升级。新昌县突出"资源不足科技补"的发展思路，用创新来补资源不足、环境承载力小的短板。积极推动和支持科技创新平台建设，将其作为集聚创新资源载体，吸引各类创新资源。一大批重污染项目关、转、迁、并，治理范围覆盖电镀、印染、机械、轴承等产业。科技创新换回了新昌产业的华丽转身，也带来了绿水青山。2016年新昌县被正式命名为"国家生态县",成为绍兴市首个国家级生态县。三是加快推进农村一、二、三产业融合发展。以鲜果采摘游、茶乡体验游和花卉观光游为主线,积极拓展农业休闲功能,全力推进美丽茶园、美丽果园、美丽田园"三美"产业建设。以森林古道和休闲游步道为纽带,重点发展森林休闲养生业,以国家森林城市创建为抓手,加强森林资源保护,推进"森林新昌"建设,积极创建"十大休闲观光基地",建设森林特色小镇,加快培育森林人家,把区位和生态优势转化为富民优势、产业优势。

新昌县沙溪镇董村是依托科技创新实现农业农村现代化的乡村典型。一是以科技推动传统农业兴旺发展。董村聘请相关产业的高级工程师担任技术顾问,在种植、繁育、加工、保鲜等方面展开系统研究,注入科技力量。创建新昌县董村专业合作社,以科技项目为支撑,相继创建杨桐桧木基地3000亩、水蜜桃基地6000亩、猕猴桃基地1000亩、蓝莓基地1000亩。与此同时,将"科技兴农"与"信息助农"有机结合,开展农村淘宝、电商、微商等多种经营方式,农业产业逐步走向效益化、产业化、品牌化。二是科技推动农村走上富裕之路。董村的花岗岩资源极其丰富,通过引入高科技的设备,采用循环利用切割水源、技术沉淀浑浊物等先进的技术方式,不仅加强了对生态环境的保护,也使花岗岩生产得到了可持续发展,其"沙溪红"花岗岩产品不但进入了北京奥运场馆建设,还出口到韩国、马来西亚等国家。三是科技创新推动新农村建设。根据绍兴市"五星达标、3A争创"建设和新昌县"三治一提升"等工作要求,董村切实落实村容村貌整治和环境提升工作,开拓文化旅游发展新思路,打好"1+3"产业融合牌子,以观光采摘为依托,对全村的山林、水流和道路资源进行科学规划,不断推动乡村旅游发展,打造了一张乡村振兴的"金名片"。

二、安吉县

在推动农村农业发展方面,安吉县坚持产业融合发展导向,大力发展生态农业、生态工业、生态旅游业,初步形成了具有地方特色、符合安吉实际的"1+2+3"生态产业体系。一是以"美丽乡村"建设为抓手,打造农业农村现代化发展的"安吉模式"。作为中国美丽乡村建设的发源地,安吉县坚持"美丽乡村、风情小镇、优雅竹城"联动共建，美丽乡村创建实现187个行政村全覆盖，建成精品村164个、精品示范村29个、精品观光带4条、示范风情小镇5个、优雅竹城建成区32平方千米。二是大力推进公共服务向农村延伸。实现农村生活污水治理、农村生活垃圾集中收集处理等13项公共服务全覆盖，农民人均纯收入27 904元，城乡收入之比为1.73∶1。三次产业结构由2008年的12.1∶52.2∶35.6调整到2017年的7∶44∶49。围绕绿色发展，生态农业提质增效，工业绿色低碳转型，现代服务业比重不断提升。三是立足现有产业基础，大力推进各类创新创业平台建设。2017年安吉县获批安吉绿色制造省级高新技术产业园区、省级椅业创新综合体、省级农业科技园区。组建浙江大学安吉竹产业研究院、杭州电子科技大学安吉智能制造研究院、浙江省食品物流装备技术研究重点实验室，依托各类创新创业平台，助力安吉县产业创新发展。

安吉县天荒坪镇余村坚持"两山"理念打造美丽乡村，在"两山"理念的指引下，余村坚持围绕"环境优美、生活甜美、社会和美"的发展目标，坚定不移地走绿色发展的路子，努力将余村的生态优势转化为村集体经济发展和村民致富的根本。一是科技支撑绿色经济发展。运用智能精准灌溉、农业物联网溯源、农业自动化控制等先进技术及设备，引进推广优势品种建成葡萄种植采摘园，在6000亩毛竹山上种起了林下作物，培育三叶青、黄精、竹荪等作物，建成了一批农林科技园区和基地。建设荷花山景区，开发水上漂流项目，同时鼓励村民开办农家乐和特色民宿，坚定不移地走生态富民之路，进一步深化发扬了"两山"理念的内涵，把生态优势变成了生态经济。二是全力推进垃圾资源化利用。余村作为安吉县首批垃圾分类试点之一，通过新农村资源利用项目示范，逐步建立起垃圾分类投放、分类收集、分类运输和资源化利用的良好模式。三是重点开展生态环境整治。从2005年起，余村人下决心封山护水，村里关停全部矿山和水泥厂，挤出所剩不多的集体资金修复冷水洞水库，把竹制品家庭作坊搬进工业区，统一管理、统一治污。不断推动水生态修复，2016年，"两山"景观湖生态净化整治工程通过投放水生植物、动物，构建了一个具有自我修复功能的"微生物群落"稳定生态系统。

三、长兴县

近年来，长兴县坚定不移地实施创新驱动战略，突出科技创新在县域发展大局中的核心地位，全力推进科技体制改革、建设创新创业平台、提升企业创新能力、推动新旧动能接续转换，从而使得县域创新水平得以有效提升、经济转型有效加快。首先，以企业作为创新主体，积极开展科技创新工作。围绕坚持梯度培育、提升研发能力、重视知识产权、推动成果转化等重点，以企业作为科技创新主体，在引进科技型企业的同时，不断加大企业的扶持政策，帮助企业突破创新能力。其中，以太湖资本广场为核心，以长兴国家大学科技园、画溪创业谷、煤山青创园、泗安西湖产业园、和平科创园等为支撑，以其他创业苗圃、创新工场、创业咖啡屋等为补充的"1+5+N"科创平台体系，有效拓展了科技型企业发展所需的空间承载。截至目前，长兴县已梯度培育了国家级知识产权示范优势企业2家、国家重点扶持高新技术企业89家、省"三名"企业3家、省科技型企业306家、市"双高"优势培育企业17家、县级科技型中小微企业221家，累计共建县级以上企业技术创新研发机构122家（个），更是先后与北大、清华、复旦、浙大、合肥工大、哈尔滨工大等200多家高校院所达成长期合作。其次，以"双创"平台建设为依托，健全县域创新支撑体系。一是建设产业发展平台。发挥"1+3+2"主平台作用，推进产业大平台建设，破解企业在土地方面的要素制约。长兴县国家级开发区盘活1300亩存量用地和40万方闲置厂房，南太湖产业集聚区围绕打造"全省一流绿色智能制造产业园"目标，通过废弃矿山开发利用打造"万亩大平台"。二是健全创业孵化平台。针对县域平台资源分散、规模效益不强、承载空间不足等问题，构建以太湖资本广场为核心、以国家大学科技园等五大科技园为支撑、以其他众创空间为补充的"1+5+N"创业孵化平台体系，专业化承接和孵化各类科技型企业项目。太湖资本广场已引进金融新业态机构750家，全县孵化平台累计投入10.25亿元，建成面积32万平方米，在孵项目数量208个。三是打造创新服务综合体。以新能源小镇城市客厅为依托、以新能源产业为对象，整合省级绿色动力能源集成创新公共服务平台、超威及天能省级重点企业研究院、知识产权维权中心等资源，打造集创意设计、研究开发、检验检测、标准信息、成果推广、创业孵化、国际合作、展览展示、教育培训等功能于一体的新型载体。

第三节 山东省

一、诸城市

诸城市形成了打造乡村振兴齐鲁样板、农业农村现代化的"潍坊模式"。"潍坊模式"内生性特点突出，主要依靠自身资源，通过体制机制的创新，实现了迭代计划，以农业产业化为核心推动产业转型升级。一是着力构建立体化、复合型现代农业经营体系。重点培育从事专业化、集约化农业生产的家庭农场，使之成为引领适度规模经营、发展现代农业的主体力量；鼓励发展多种形式的农民合作组织，发展适度规模经营推进示范社创建活动，促进农民合作社增量提质；支持农业龙头企业以资本为纽带开展联合与合作，增强辐射带动能力，抓好现代农业园区建设。二是抓好农业社会化服务。以为农服务中心为依托，扶持发展各类新型农业社会化服务组织。积极推进供销社综合改革试点，实施"放心农资"工程，全方位开展农业社会化服务。供销社在全市规划建设了103处为农服务中心，规范发展了818家放心农资店。三是积极推动一二三产业融合发展。农业农产品加工业和涉农生产性服务业实现产业融合，推动产业发展和要素利益融合，通过产业链条整合吸纳大量分散农业经营者，实现小农户和现代农业体系相衔接。四是形成良性城乡关系结构。造就各具特色发达的县域经济，城乡融合体制机制初步实现，不存在大规模的劳动力向外转移，大城市与大农村并存。在保留乡村特色的基础上实现产业升级。在产业不断升级的过程中保留乡村的色彩，农村传统社会结构依旧保持，形成农村社会治理体系。

二、昌乐县

昌乐县立足农业特色，依靠自身资源，通过体制机制创新，以农业产业化为核心推动产业转型升级。一是着力构建立体化、复合型现代农业经营体系。

依托"互联网+农业",提升农业科技创新优势,积极引导龙头企业、合作社、种植大户等建设园区,发展规模化经营。重点培育从事专业化、集约化农业生产的家庭农场,使之成为引领适度规模经营、发展现代农业的主体力量;鼓励发展多种形式的农民合作组织,发展适度规模经营推进示范社创建活动,促进农民合作社增量提质;支持农业龙头企业以资本为纽带开展联合与合作,增强辐射带动能力,抓好现代农业园区建设。二是着力推动各类人才下乡。设立工作站、实验基地,建立技术人员下乡挂职、兼职等办法,吸引科技人才、专家,支持专家开办农技学堂,以专家固定授课与现场授课相结合的方式,开展新技术推广应用、新品种引进种植、新产品品牌培育、新型职业农民技术培训等工作。三是积极开展体制机制改革。率先在全省完成农村集体资产股份权能改革,打开了工商资本下乡的大门。组建农业产业化联合体,引领小农户共享发展成果。四是抓好公共服务,推动公共资源下乡。推动公共资源和基础设施建设,着力解决教育资源配置"农村弱"的突出问题;稳步推进农村饮水安全提升工程和村级工程巩固提升项目,不断改善农村医疗条件。

昌乐县五图街道庵上湖村依托有机蔬菜产业优势,推动村级产业发展,开辟了扶贫新路径,实现由"输血"到"造血"的转变。一是创新体制机制,产业发展助力精准脱贫。庵上湖村在全国率先探索建立"党支部+合作社"模式,实现了农村党建工作与产业发展、群众增收的互促共进,通过"党支部+合作社"牵头、企业家参与、种植户入股的方式,筹资600万元成立了庵上湖农业科技发展有限公司,进一步打开了市场化发展的新路子。二是多元扶贫,实现全村整体脱贫。以合作社为依托,通过土地分红扶贫、股份分红扶贫、基地就业扶贫、优先采买扶贫、资金互助扶贫等多样化的扶贫模式,实现精准脱贫。例如,股份分红扶贫模式是依托合作社经济优势,将扶贫与蔬菜产业发展结合起来,建立"合作社+贫困户"的扶贫模式,合作社每年赠送贫困户1000元的股份,年底进行统一分红。基地就业扶贫模式则是专门建立扶贫基地,为贫困户提供相对轻松的工作,变"输血"为"造血"。三是探索一二三产业融合的生态旅游发展新路。深挖本村旅游资源,积极探索乡村旅游与扶贫救助相结合的新路,以庵上湖为核心做了万亩田园综合体规划,主要建设红色田园课堂、"号房拉呱"、CS 训练基地、景观带等项目，以旅游带动脱贫，以旅游促增收致富，向构建田园综合体的目标健步迈进。

三、青州市

青州市为山东省潍坊市下辖县级市，地处山东半岛中部，先后获得全国县域经济百强县、"中国人居环境奖"、国家卫生城市、国家园林城市等。青州市在实施科技创新推动农业高新技术产业发展过程中，一是积极培育特色花卉产业，促进三产融合发展。作为区域特色主导产业，全市花卉年产值 85 亿元，年花卉交易额 110 亿元，占全国市场的 60% 以上。全市建有 1 处花卉学院，10 家花卉研发机构，3 家花卉联盟，1 家院士工作站，1 家产业研究院，拥有 11 个自主知识产权的花卉新品种，花卉种苗年产量突破 2800 万株，近 50 万平方米的花卉交易市场为江北地区最大的花卉交易中心，年交易额达到 20 亿元。花卉电商 440 多家，年交易额达到 20 亿元。产业链条不断向花卉食品、药用、养生方向迈进，花卉旅游蓬勃发展，花卉游、花博会、花卉产业游、弥河花卉生态游融合发展不断深入。花卉配套设施生产发展迅速，花卉升降温设备生产规模 70% 以上的全国市场份额，花卉温室承建年营业额近 10 亿元，是一二三产业融合发展的典范。二是企业与平台两手抓，推动既有与新生力量发展壮大。围绕县域产业技术创新，坚持将电子信息、生物医药、新材料、新能源、先进制造等高新技术领域创新平台培育、建设作为工作重点，一手抓行业龙头企业，完善提升既有创新平台软、硬实力和自主创新能力，一手抓创新平台培育和组建，推动创新平台新生力量的成长壮大。2016 年高新技术企业发展到 57 家，其中农业领域高新技术企业发展到 5 家，均为行业龙头企业。共有农业领域科技创新平台 20 家，其中潍坊市级创新平台 12 家，省级创新平台 3 家。三是鼓励龙头企业建联盟，提升产业竞争力。围绕现代农业、生物材料、智能装备制造等新兴优势产业，积极鼓励行业龙头企业牵头构建产业技术创新战略联盟，大力支持联盟发挥承载上级计划项目，深入开展产学研合作，带动产业技术自主创新的能力和作用，提升产业科技含量和竞争力。截至 2016 年年底，多家企业同中科院、清华大学、北京化工大学等几十家高校院所建立了科技合作关系，成立产业技术创新战略联盟 9 处。

青州市黄楼街道办事处卢李村，95% 以上的土地用来种植花卉，全村共建设花卉大棚 1000 亩，种植花卉品种 1000 多个，形成了"买全国、卖全国"的格局，村民年均收入达到 5 万元以上，涌现出了天福花卉有限公司、七彩多肉有限公司等花卉企业，真正做到"兴一个产业、富一方百姓"。近年来，村两委一班人以科技为龙头，按照街道党工委"富民强镇"的总体工作思路，在花卉规模化、产业化种植上下功夫，目标紧盯花卉发展的最前沿，组织村民去云南、广东等国内花卉发展较好的地方及荷兰、韩国等国学习，引进国外著名的种球、种苗公司的产品和技术，合作共赢，共谋发展，坚持花卉种植现代化、精品化战略，不断培育新品种，以"人无我有，人有我优"的发展理念，以市场为导向，采用"科技龙头企业 + 种植示范基地 + 农户"的发展模式，以种苗繁育、资材研发、成品造型创意为基础，以电子商务、花卉物流为支撑，以餐饮旅游为补充，打造"江北花卉第一村"品牌。整合全村花卉资源，大力发展电商平台，现全村共有电商公司 100 多家，不用出村便可以把花卉销往全国各地乃至世界各地，实现了集花卉生产、销售、科研、流通、服务于一体的产业化格局。

同时，以花卉产业为龙头，大力促进三产融合发展。全村现有大棚保温被加工厂 3 家，温室工程公司 5 家，花卉保鲜袋加工等家庭工厂 3 家，销售花盆肥料等农资超市 2 家。农户在种植花卉的基础上做起了花卉苗木经济人，全村现有花卉苗木经济人 120 余人，有的农户购买了大货车专门从事花卉物流，现有物流车辆 150 余辆，他们的足迹走遍全国各地。花卉产业的发展还惠及周边乡镇及其他县市的闲置劳动力，打工人员超过 300 人，是本村人口的 1/3。近年来全村到外地承包土地的有数十家，指导建设花卉大棚，做花卉种植技术人员，既增加了收入，又开拓了市场。

第四节 江苏省

一、沛县

沛县把推进农业现代化作为发展县域经济的重要平台,农业始终保持良好发展态势,为全县经济社会稳定发展打下良好基础。先后被批准为国家现代农业示范区、国家农业产业化示范基地、全国粮食生产先进县等。一是进行集体产权制度改革。启动农村集体产权制度改革试点工作,着力构建"权属清晰、权能完整、流转通畅、保护严格"的农村集体产权制度。建成县镇村统一联网、三级联动的农村产权流转交易市场体系和信息服务网络平台;截至2017年年底,全县共组织完成10个品种2452宗项目公开交易,成交金额21.82亿元,总金额位居全省第一。二是不断优化产业结构。围绕绿色稻米、高效瓜菜、优质果品、生态肉鸭、特色水产五大主导产业,沛县着力打造了全县"一横五纵"的产业布局。当前,全县稻米种植面积达45万亩,蔬菜复种面积已超过110万亩,果树总面积10万亩,肉鸭年孵化、饲养、加工超过0.7亿羽,带动从业人员5万余人,水产养殖面积达到6万亩,主导农业产业实现了规模发展。三是推动一二三产业紧密融合。沛县不断创新发展"龙头企业+基地+家庭农场"等经营模式,实现龙头企业发展壮大与农民致富增收双赢。黄河故道沛县段文化旅游景区和微山湖片区"油画式"稻田两条线建设成效显著,敬安"辣椒科创小镇"成功创建成为全省特色农业小镇,张寨镇陈油坊被评为省级特色田园乡村试点。四是"互联网+"给农业发展带来了新思路。朱寨镇农管家淮海绿谷智能育苗、杨屯镇水产科技示范园物联网应用、河口镇航天育种培育等一批先进技术成熟应用,农业生产和管理变得简单高效。全省首家电子商务类合作社沛县"大农合"电商平台注册人数超过5万人,越来越多农产品搭上互联网的顺风车。

二、张家港市

张家港市以农业增效、农民增收为中心,加快推进现代农业建设,调整优化农业资源配置、产业结构和生产经营模式,大力发展绿色农业,培育新型职业农民。一是优化农业产业结构,推进产业不断转型升级。完成保护和发展农业"四个百万亩"目标任务,在粮食生产方面,在全省率先实施水稻和小麦良种统一供应,同时大力推广集中育供秧、机插秧等高效粮作技术。在园艺生产方面,张家港市建成菜篮子基地1.6万亩,其中优质蔬菜基地3000亩左右,推动了天天鲜、沙洲绿等一批生鲜配送销售企业发展,在全省率先推进绿叶菜价格指数保险,推广应用"两网一灌"与水肥一体化设备。二是推广农机合作社。把农机合作社、家庭农场、社会化服务组织等农业规模经营和服务主体作为主要依靠对象,采取支持政策优先倾斜、项目任务优先安排、长期跟踪指导帮扶等有效措施,使之成为新机具、新技术集成的试验田,以农机作业服务专业化、规模化、产业化带动粮食生产全程机械化。三是发展农业新型业态。全市培育各级农业产业化龙头企业共63家,其中国家级1家、省级8家、苏州市级15家、张家港市级39家。有75家农业企业(基地)在淘宝、京东等大型网络平台开设网店,微信销售成为中小规模农业企业(基地)的重要方式。建成3个市级农产品配送中心和50多个优质蔬菜直销点,发展"网上订购+物流配送"的新流通模式,设立了50个小区自提柜,优质蔬菜基地配送和专卖专销比例达40%。培育各类农业社会化专业服务组织240多家,农业专业化服务涵盖了农资配送、农机服务、水稻工厂化育秧、植保统防统治、畜禽防疫、粮食烘干等大部分农业生产环节。

张家港市永联村地处江尾海头,被费孝通先生誉为"华夏第一钢村"。在农业农村现代化建设方面,一是不断提升钢铁产业含"智"量,锻造新型工业化强引擎。始终秉承"科技是第一生产力"的理念,大力实施人才强企、产业转型战略,推进两化融合、智能制造、清洁生产,坚定走新型工业化道路。不断推动产业转型升级,打造绿色钢城。二是不断刷新现代农业"底色",打造田园乡村"升级版"。实行规模化、集约化经营,将村民手中8000亩耕地的承包经营权流转到永联经济合作社进行统一规划,建设了4000亩苗木基地、400亩果蔬基地、3000亩现代粮食基地、100亩水产养殖场和500亩农耕文化园,通过人才引进、科技投入,发展现代农业。同时建立农民创业园,为村民创业提供平台，目前已入住 18 家个私企业，成为永联村园区经济发展的孵化器。引进三精农业管理系统、智能化排灌系统和自动化育秧播种线等机械设备，实现田间管理信息化、生产全程机械化。三是打通工农业循环"经脉"，构建全产业绿色生态圈。回收永钢生产车间的蒸汽余热，通过管道输送，为水产养殖、果蔬种植、工厂化育秧、粮食烘干等提供热能，让工业副产品得到合理利用。同时，在农业系统内部也实现资源循环利用。粮食基地的秸秆、稻壳等经过处理和配制，成为果蔬基地的栽培基质及有机肥料；将水产养殖场的鱼类粪便，用作粮食基地的肥料。发展循环农业，每年降低成本约 500 万元。四是不断注入社区治理"新内涵"，提升居民幸福感获得感。永联村坚持以科技创新为支撑，以智慧社区建设为抓手，构建现代化的社区管理服务体系。推进社区生活智能化，设立 400 热线及呼叫中心，为居民提供 24 小时咨询服务；建立综合性网站，集信息发布、电子商务、村务公开、交流互动等功能为一体。目前，全村实现了"家家有电脑，户户能上网，人人一卡通，全村一网通"，以智能化手段优化社区服务。

第五节　湖北省

一、大冶市

大冶市作为"全国首批资源枯竭转型城市"，在推动农业农村现代化方面积极开拓创新，探索走出了一条绿色转型之路。一是不断完善农业农村基础设施。大力实施城乡供水一体化进村入户工程和农村电网改造升级工程，确保高标准农田项目区供电设施有效配套。实施数字乡村工程，推进光纤宽带覆盖向自然村延伸，开发适应"三农"的特色信息产品和服务。同时，积极推广"厕所革命"试点工作，加快乡镇污水处理站建设，基本实现无害化卫生厕所全覆盖和城乡污水集中处理全覆盖，实现了农村生活垃圾无害化处理全覆盖。二是建立"产权+金融"的农村金融创新机制，组建"三农"金融服务中心，开展农村承包土地经营权抵押贷款试点和农村合作金融创新试点工作，集农业生产服务、涉农征信服务、产权交易服务、鉴证抵押服务和涉农金融服务"五位一体",为"三农"金融服务和农村综合产权交易提供一站式服务,有效破解"三农"发展资金瓶颈。三是围绕"一心一轴三区多园"空间格局,依托核心载体引领产业特色化、集群式发展。大冶市成功创建国家高新技术产业开发区,以平台为依托支持农业龙头企业建立众创空间、孵化器等农业科技创新平台,例如,大冶芳香产业创新中心致力于打造全国首家垂直芳香产业专业化众创空间。积极推行"一镇一主业、一乡一品牌"的产业发展格局,推动刘仁八生态农业产业园、茗山芳香产业园等产业园区建设,鼓励工矿老板转型发展,创办农业企业。

二、宜都市

宜都市打造了以农业科技园区为核心载体,以农业龙头企业为引领,推动三产融合的农业农村发展新模式。一是围绕加快现代农业发展、提高农业产出效率,积极推进宜昌国家农业科技园区核心区建设,建成全球最大的人工养殖鲟鱼鱼子酱生产基地、全国最大的鲟鱼生产繁育基地、全国最大的宜红工夫茶生产基地、全国柑橘标准化生产示范基地。依托科技园区,稳步推进科技创新平台建设,建成国家级科技特派员创业基地、国家级企业技术中心、国家"星创天地"及国家工程研究中心。二是以"土老憨"等农业龙头企业为引领,积极推进产学研合作。湖北土老憨生态农业集团与高校合作建设了"柑橘优质高效栽培与深加工国家地方联合工程研究中心""湖北省院士专家工作站""湖北省企业技术中心""湖北省发酵调味品工程研究中心"等多个研发平台,承担国家、省市级项目10余项,开发20多个新产品并实现产业化生产。三是积极发掘农业休闲资源,在高效生态中提升现代农业。宜都以生态农业为基础,积极发展休闲旅游,推动农村变景区、田园变公园,高标准启动建设世界一流的国家柑橘农业公园。充分利用宜都宜红茶品牌和全国百强产茶大县优势,筹备规划中国宜红茶博览园。

宜都市高坝洲镇大战坡村是宜都市最先试栽温州蜜橘村,也是宜昌国家农业科技园区核心区的一个核心村。一是科技引领,助推产业转型升级。用科技推广服务为产业发展"提质",推广科学种植,改造传统橘园。通过密改稀、测土配方、高接换种、悬挂黄板、完熟采收等科学手段改造传统橘园,利用生物与物理相结合防虫治病、生态微灌和控水增糖等先进技术,打造"猪—沼—果"模式。依托市农技服务中心,组建农技服务网络,以市科技特派员+村组农技术员+科技示范户为主体框架,启动柑橘无公害标准化生产基地建设。二是筑巢扶智,推动"四化"同步建设。用新型职业农民为产业腾飞"注智",不断提高农民综合素质。为了拓宽柑橘销售渠道,宜都市政府出台专项政策,鼓励专业合作社发展,拓展合作领域和服务内容,支持合作社与大型连锁超市对接,用合作社与互联网+为柑橘销售"助力"。以农村超市为基地,嫁接供销社电子商务平台,为村民开展生产生活服务,实现"三农"资源共享。全村共有供销社电子商务8家。同时鼓励农民自己打造电子商务平台。三是协同创新,促进柑橘"三产"融合。发展"柑橘+旅游"为主的休闲观光产业,推进柑橘产业与旅游、文化、康养等产业深度融合。积极开展以"采、赏、鉴"为主题的柑橘文化会展活动,培育壮大一批新型市场经营主体,打造公园式景观发展乡村生态旅游业,每年全村接待乡村旅游20 000人次。

三、汉川市

近年来,汉川市积极开展以科技创新为核心的全面创新,大力实施创新驱动战略,大力推动大众创业、万众创新,打造发展新引擎、培育发展新动能,加快实现创新驱动发展,科技创新对全市经济社会发展的支撑作用显著增强。先后被评为最具投资潜力中小城市百强、全国民间文化艺术之乡、全国综合实力百强县市,获得了全省科技创新综合考评先进县市、全省发展壮大村级集体经济先进县市、全省县域经济发展先进县市、全省最佳金融信用县市、全省平安县市等荣誉称号。一是大力培育高新技术产业。积极支持汉川高新区发展,大力发展新材料、生物医药、装备制造、新能源等新兴产业,将高新区打造成汉川新的经济增长极。积极组织符合条件的企业申报高新技术企业,多次组织专班人员深入相关企业进行摸底调查,对条件成熟的企业进行鼓励、指导和完善,对条件不成熟的企业提出具体指导意见,引导企业向高新技术企业发展，不断壮大高新技术企业队伍。二是促进科技成果大转化。鼓励有条件的企业与高等院校联合建立博士后工作站，本着互利共赢的原则，开展联合攻关，提升企业竞争力。强化先进技术的引进和消化吸收，建立汉川企业技术需求信息库，及时掌握企业技术需求。加强汉川企业技术需求信息与上级科技主管部门科技成果输出信息对接，组织企业与相关高校院所开展技术合作洽谈，促进科技成果在汉川转化。三是推动农业科技创新。大力扶持农业龙头企业发展，引导农业龙头企业与武汉高校开展产学研一体化合作，用高新技术改造传统产业，提高企业科技竞争力。2016年，达利食品、银鹭食品、晋江福源、双桥食品等农业龙头企业新增高新技术产品8种。加强对农业专业合作社的科技指导，推广普及先进、适用农业科技成果，提高农业效益。2016年，全市拥有各类农业专业合作社972家，辐射带动农户科技致富20多万户。

第六节　安徽省

一、宁国市

宁国市因地制宜，始终坚持生态文明发展理念，大力实施城乡一体化的大和谐发展战略，努力推进工业反哺农业、城市带动农村，着力建设美丽和谐富裕新农村，努力实现城乡一体、城乡和谐发展，探索走出了一条符合宁国实际的农业农村现代化建设之路。一是构筑相融的自然生态。加强生态环境建设，新农村建设由以工业化、农业产业化、城镇化为主驱动向以工业化、农业产业化、城镇化、生态化为主驱动转型，实现工业、农业、乡村与生态相融合、相协调。加强生态环境保护，按照"自然山水，宜居、度假的创业之地"城市定位，以创建"全国生态示范区"为载体，坚持生态优先原则，不断加强对原生态山林资源的保护。加强生态环境治理，积极治理工业污染、生活污染和农业面源污染，推广应用新型节能农村住宅和清洁能源，建立完善农村生态环境卫生整治长效机制。目前，宁国市已安排美好乡村专项资金1794万元、农村环境卫生综合整治资金1786万元、森林长廊奖补资金892万元、村村通资金2800万元、农村人畜饮水资金170万元、水利建设资金5829万元等。二是打造高效的经济生态。加快发展以健康休闲为主的绿色农业产业，围绕山核桃、竹业等农业主导产业，大力推进农业"583"提升工程及农产品加工百亿工程，加快建设全国最知名的有机绿色食品生产供应基地，积极争创"中国有机农业之乡""中国红豆杉之乡"。同时，促进一二三产业深度融合，整合农业、林业、旅游业等资源，发展商务度假、休闲养生、观光体验等多功能生态产品。三是打造以生态文化为主题的多元化乡村。充分把握宁国市移民特色的历史和现状，注重挖掘和提炼，找准乡村建设与文化内涵的有机结合，彰显浓郁的乡土文化色彩。例如，云梯乡是全省唯一的畲族乡，该村将挖掘畲族民俗特色和美丽和谐乡村建设结合起来，制定规格高、可操作性强的旅游总体规划，投资1500万元加快推进畲族民俗风情园项目建设。四是以农民生活更加富裕为工作着力点，努力提高农民收入。通过拓展现代农业功能，提升农业产业化水平，提高农民家庭经营性收入；深入推进土地制度改革，组建农村土地专业合作社，让土地资源变为土地资本，提高农民财产性收入；积极探索医疗、养老等补贴及保障方式，建立健全农民社会保障机制，提高农民的转移性收入；加强农民转移培训，提升农民职业化水平，把农民转化成职业工人，以此增加农业产出效益，提高农民工资性收入。截至2015年年底，安排现代农业生产发展资金390万元，林区道路资金100万元，其他支持新型农业经营主体资金150万元，兑现农业产业化奖励资金668万元，农业科技推广资金110万元，基层农业技术推广体系改革与建设补助资金121万元，退耕还林培训及职业农民培训资金42万元。

宁国市港口镇山门村坚持以总书记的"两山"理论为指导，紧紧围绕"生态家园立村，特色产业富民，加快山门发展，建设美丽和谐乡村"的思路，促进乡村振兴战略实施，先后荣获国家级美丽宜居村庄示范点、全国农村社区建设示范单位等称号。一是找准思路推动产业升级。山门村依托独特的资源优势，以桃源仙境为核心品牌，规划建设"隐"村落，先后建设四季花海、田间步道、荷花池木栈道、叠水景观、农耕体验项目、百年银杏园、旅游环形道路等11个特色项目，推动"美丽乡村+乡村旅游+特色小镇"的山门"大景区"建设升级。二是优化提升特色农业种植产业。按照"专业化、规模化、标准化"

要求发展高效生态特色农业区。大力实施标准农田改造工程。依托农业综合开发项目，修建农田灌溉水渠，建设农田机耕路，切实提高农业生产条件，增强抵抗自然灾害的能力。注重引导农民使用高效、低毒农药，合理施用化肥，增施有机肥，以减少化肥污染发生；按照特色农业现代化建设，调整优化农业产业结构，有效整合生态资源环境等优势生产要素，构筑布局合理、相互促进的块状农业经济群。三是提高农村"卫生洁化"水平。全面完成村庄清洁自来水设施建设，有健全的保洁制度和专业保洁人员。以"富民建设工程"为载体，以农户为建设单位，以沼气为纽带，综合利用新能源技术、农村节能技术，重点推广畜禽粪便沼气化处理技术，改善生态环境，提高农民生活质量。有步骤、有计划推进村庄绿化、亮化和美化，实现村村通、路路通水泥路。采取政府奖补方式引导农户打造美丽庭院，建设美丽家庭。四是加大资源保护，促进生态自然修复。实行工程实施、植物保护、开发合理相结合，继续扩大生态公益林面积、修筑防洪堤、河道整治、改造坡耕地与疏林地、营造水土涵养等综合工程，形成多目标、多功能、高效益的综合体系。实现河道"水清、流畅、岸绿、景美"，建成沿路、沿溪景观带的总体目标。

二、界首市

界首市以实现农业农村现代化为目标，努力实现"颜值""气质"双提升。一是坚持"产出高效、产品安全、资源节约、环境友好"16字方针，坚持质量与效益并举，提高农业质量效益和竞争力，着力构建现代农业产业体系、生产体系、经营体系，推动粮经饲统筹、农林牧渔结合、种养加一体、一二三产业融合发展。界首市政府与省农业信贷担保公司签订"劝耕贷"战略合作协议，向种养大户提供额度10万至100万元的贷款，用资本"浇灌"现代农业。二是积极探索整县推进美丽乡村建设，推动"以点为主"向"由点到面"战略转换，全面推进美丽乡镇建设、中心村建设和自然村环境整治，协调推进产业发展、社会管理和精神文明建设，努力打造农民幸福生活美好家园。例如，界首市田营镇以特色小镇打造为目标，坚持"招商第一，项目为王"，在彩陶文化风情小镇、美丽乡村生态农家乐及现代综合物流产业园、8万吨剁椒初深精加工等项目上下功夫，以项目谋划经济，同时，积极对接环卫公司，村庄旧貌换新颜，注重乡风民风改善工作，开展"典型模范家庭""文明卫生户"等评比，努力推进乡村农业现代化建设。三是把脱贫攻坚工作作为一项重大政治任务，把脱贫责任扛在肩上，把脱贫任务抓在手上，致力于脱贫致富奔小康，打赢脱贫攻坚战，完成全省扶贫开发工作会议提出的"三年集中攻坚、两年巩固提升""两不愁、三保障"总目标。2018年，界首市坚持以打靶定位的要求来讲精准，新增选派帮扶干部76人，加快涉农资金安排进度，确保项目成熟一个资金到位一个，保证年度建设任务在接到上级转移支付后一年内完成，力求在农业农村现代化建设方面做到精准施策。

三、凤台县

凤台县位于淮河中游，淮北平原南缘，面积1100平方千米，总人口73万人，以煤电为支柱产业，是全国深井采煤第一大县。近年来，凤台县以创新型城市建设为抓手，大力实施创新驱动发展战略，加快产业转型升级，推动科技成果转化，培育新动能，发展新经济，全县创新驱动发展环境进一步优化，创新驱动发展能力大幅提升。首先，大力发展高新技术产业和新兴产业，构建现代产业新体系。一是推进县工业和信息化产业结构调整，发展以"机械智能制造、新材料、新能源、生物医药、节能环保"五大新兴产业和以"煤、电、制鞋、农副产品精深加工、食品精细加工"为支撑的工业布局，构建产业集聚、特色突出、资源集约、产城融合工业产业发展的现代产业新体系。二是县政府出台《中国制造2025安徽篇凤台推进工程实施方案》，加速工业转型升级，推进创新发展战略。在创新主体培育方面，围绕高端化、智能化、绿色化、品牌化、服务化方向，坚持产品、企业、产业、基地"四位一体"推进。在主导产业发展方面，实施"龙头企业带动"工程，培育行业领军型企业。实施"专精特新"中小企业培育计划，开展"强基强企强区"行动，培育一批新型工业化产业示范基地和小微企业创新创业基地。推动企业向基地集聚，促进集群发展。依托产业规划和项目库，大力推进美丽乡村建设。坚持把美丽乡村建设作为统筹城乡发展的重要载体，科学规划，培育特色。将美丽乡村建设与产业规划相衔接，建立项目库。努力打造"一村一品""一村多业"的发展格局。尚塘乡郭王中心村，通过建设美丽乡村，发展壮大集体经济，促进产业转型升级发展，村内 2 家规模养殖企业、2 户西瓜种植、50 户蔬菜种植和 1 户板材加工等 60 多家个体民营企业，经济发展的同时反过来促进中心村项目建设。安徽坤霖生物科技有限公司积极参与美丽乡村建设，带动周边农民科学种植食用菌，使 1000 多名贫困户由贫穷走向富裕，户均增收 3 万元以上，公司"星创天地"项目获科技部备案。

第七节　河南省

一、荥阳市

荥阳市位于郑州西 15 公里，是河南省距省会最近的县级市。近年来，荥阳市大力实施创新驱动发展战略，以创新创业生态建设为主线，以中原智谷创新创业综合体建设运营为抓手，以引资引智引企引平台为目标，以优化创新创业发展环境为重点，积极配置创新资源，完善市场要素，打造生态链条，提升创新能力，创新工作方法，强化工作措施，持续为全市经济社会发展提供新动能。一是培育创新主体，提升创新能力。着力打造高新技术企业、瞪羚企业、雏鹰企业、小巨人企业、科技型企业为金字塔形的梯次创新架构，提升企业创新能力。2017 年，新认定高新技术企业 8 家、瞪羚企业 5 家、雏鹰企业 10 家、小巨人企业 9 家。截至 2017 年年底，全市拥有科技型企业 190 家、高新技术企业 18 家；高新技术产业产值 74.09 亿元，增加值 16.3 亿元，增速 11%，高新技术工业增加值占规模以上工业增加值比重为 3.68%(2016 年数据)；申请专利 1006 件，授权专利 644 件。全市创新能力得到进一步提升。二是强化平台载体，完善创新体系。重视产学研合作，引导企业与高校、科研机构建立稳定的合作关系。2017 年，全市新增省级、市级工程技术研究中心、企业研发中心、新型重大研发机构等企业研发平台 5 家，获得国家级众创空间、星创天地备案各 1 家。截至 2017 年年底，全市企业共建立各类研发机构 100 家，其中经认定的各类省级、市级研发中心 24

家、院士工作站2家。通过引导企业开展产学研合作，2017年荥阳市组织实施各类科技计划项目33项，争取到上级科技资金2071万元。

二、登封市

登封市位于河南省中西部，中岳嵩山南麓。登封市以郑州国家中心城市次中心建设为主线，以自主创新能力提升和高新技术产业发展为引领，以构建创新创业体系为目标，突出科技创新在经济发展中的核心地位，瞄准科技前沿、强化基础研究、突出技术引领、加强人才培育、促进成果转化，使科技创新工作取得了优良成绩。一是重点扶持的高新技术企业，都至少拥有一项（套）在国内或世界领先的技术或设备。凭借新技术、新产品，登封市的众多高新企业已形成较强的市场竞争力。中岳非晶实现从原材料到成品，产、供、销一体化的大型非晶合金材料的链条，立足登封，面向全国，引领前沿。二是实施"科技小巨人企业""科技雏鹰企业"培育计划。落实研发费用后补助政策，培育壮大科技型中小企业队伍，打造高新技术企业后备群体。分别制定了登封市创建科技龙头企业、科技瞪羚企业、科技小巨人企业、科技雏鹰企业的标准，结合郑州市落实激励标准，对获得国家、省、市重大科技专项、先进制造业发展、技术改造等项目，按照1∶0.5跟进支持，同时对达到科技小巨人企业等创建标准的企业按照不同标准予以重点倾斜支持。三是大力推进创新创业综合体建设工作。登封市电子与新材料创新创业综合体主要依托登封市中禾广场企业家总部基地而建设。项目总投资5.3亿元，总建筑面积15万平方米。其中一期工程完成投资3.5亿元（市财政直接投资270多万元，租用了B座4～6楼作为创新创业活动场所），建筑面积7.9万平方米，2015年投入运营。

第八节　陕西省

一、柞水县

柞水县地处陕西南部、商洛西部，是一个"九山半水半分田"的国家扶贫开发重点县，也是一个比较优势明显、后发潜力巨大的县。柞水县以产业结构调整为主线，以夯实基础、建设园区、产业延伸为重点，走出了一条特色高效农业农村发展之路。一是做强特色产业。大力调整优化农业产业结构，发展鱼、药、菜、花卉、食用菌等特色农产品。以木耳产业为例，近年来，柞水县积极与省科研机构合作，利用现代化技术，有力地促进了柞水县食用菌产业的快速发展，并在全县食用菌产业初步形成了菌种制种、林木废料利用、规模生产、加工销售产业链，基本实现了周年生产，四季有耳。产值从2014年的1.072亿元逐年稳步上升。二是提升园区实力。以建设休闲农业和生态园区为方向，全力打造国家级西川现代休闲农业示范园，巩固提升省级卉丰、天书山和市级正森3大农业园区，启动认定杏坪、中坪、九天山、红火等6大县级精品园。同时，储备了以柞水为核心区的国家农业科技园区项目，打造集农业科技研发、生产、示范、生态、孵化培育、休闲观光于一体的国家级农业科技园区，积极围绕中药材、食用菌、林果、花卉、养殖等特色产业，依托科研院所与龙头企业，完善产业创新创业体系，推进农业现代化与城乡统筹发展。三是积极发展观光农业、创意农业、文旅农业、体验农业等现代农业新业态。引进了西川国际慢城休闲中心、高陶体验中心等生态农业重大项目，加快野森林绿色农产品深加工等项目建设进度，全力促进农村一二三产业融合发展。

二、眉县

眉县是全国9大农产品专业批发市场之一，是全国猕猴桃标准化示范区、中国无公害猕猴桃科技示范县、中国果菜标准化建设十强县和全省果业先进县、全省一县一业建设示范县。在实现农业农村现代化的进程中，眉县积极响应政策，秉承农业特色产业推进乡村振兴。一是突出发展"猕猴桃、肉奶畜、优质粮"三大主导产业和一村一品特色产业，主导产业基地规模不断扩大。以猕猴桃产业为例，眉县不断加强宏观规划，调整猕猴桃品种布局和区域布局，基本形成了自己的良种繁育体系和技术推广体系，培育了一批技术骨干队伍、从事猕猴桃技术研究的县乡科级人员及农民乡土技术人才。二是农业基础设施不断改善。全县积极推进各类农田水利设施建设，农业有效灌溉面积不断提升，稳步推进农村"五改", 生态环境得到极大改善。积极推动一二三产业融合, 以"创建国家全域旅游示范区、陕西省旅游示范县、巩固太白山5A级创建成果、提升旅游品质"为抓手, 积极开展旅游宣传营销, 强化旅游市场管理, 2017年全县共接待游客1020.8万人次, 实现旅游综合收入80.04亿元。三是推动专业合作组织发展, 提高农民组织化程度。积极支持个人、集体、单位及社团组织围绕农业主导产业和特色农产品, 创办各种类型的农民专业合作社、专业协会等农村合作经济组织, 使农民的组织化程度进一步提高, 抗御市场风险的能力大大增强。

三、大荔县

大荔县隶属于陕西省渭南市, 位于陕西关中渭北平原东部, 黄、洛、渭三河汇流地区, 特产"11008"(高石脆瓜、黄花菜、冬枣、西瓜、花生)驰誉全国, 素有"现代农业大荔"之称。近年来, 大荔县以加快发展、追赶超越为统揽, 以融合转型和"旅游+"为主题, 坚持新发展理念, 打造"热情大荔、诚信大荔、健康大荔"三大品牌, 推进"产业、城市、乡村、人民"四个美丽, 唱响"精品农业、食品工业、休闲观光、美丽城乡、和谐幸福"五个看大荔。一是以渭南国家农业科技园区核心区引领科技园区示范区建设。围绕设施农业、冬枣、食品加工三大主导产业, 培育、建设冬枣和设施农业市级农业科技园区2个, 牵头建设省级现代农业科技园区1个。二是建设大荔县"香荔乡情"标准化众创空间。依托大荔县电子商务产业园创新优势, 目前已形成一套规范的入园、孵化、增值服务推出机制, 农商1号等30多家品牌企业、300多名创客入驻。三是积极推进农业领域"双创"工作。建设文岭果蔬、新颖现代农业等"星创天地"2个, 组建冬枣产业、生猪养殖等产业技术创新战略联盟2个。

第九节 四川省

一、筠连县

筠连县积极探索农业供给侧改革新路径, 从生态保护、休闲旅游、环境整治、基础设施建设方面着手,致力打造美丽乡村,实现乡村振兴。一是突出产业特色,调整农业产业结构。规划调整5个粮食生产功能区,即水稻、玉米、油菜、马铃薯、甘薯生产功能区,重点发展茶叶、蚕桑、生态水果等重点农业产业。二是积极培育农业主体。加快土地流转,促进适度规模经营。大力培育家庭农场、专业合作社、农业龙头企业、种养大户等新型农业经营主体,推动农业向集约化、专业化、组织化发展。加强"三品一标"认证管理和地理标志产品等品牌建设,着力构建以绿色农产品整体品牌为龙头,区域农产品公用品牌和企业产品品牌为主体的农产品品牌体系。三是立足三产融合新方向,建设最美休闲乡村。积极完善水、电、路、沼气、通信等基础设施,为最美休闲乡村奠定基础。推动一二三产业融合发展,大力发展乡村旅游。根据消费者需求为导向,积极发展以腾达春风村、塘坝清溪沟等为主线的集观光、体验、旅游为一体的休闲农业,带动传统农业优化升级。

筠连县腾达镇春风村地处筠连县城东北,多年前该村产业落后,村民生活困难,近年来在村两委的带领下,春风村走出了农业农村现代化发展的新道路。一是科学规划,打造旅游开发脱贫致富典型景区。大兴基础设施,全村水、电、路、沼气、通信等基础设施已基本完善,在全市率先实现了"组组通水泥路,户户通便民路",为最美休闲乡村奠定了基础。二是发展循环经济,打造立体农业。坚持产村相融理念,全面推广"畜沼果、畜沼茶、畜沼花、花茶禽"等模式,以龙头企业为支撑带动农户整体推进协调发展。打造"一组一产业"。春风组主要发展李子水果产业,中沙组发展花卉种植产业,龙塘组发展茶叶产业。现已建成1820亩李园、3000亩茶园及1780亩花卉园,形成了"一组一品"的产业发展格局。三是围绕主题村落,把生态家园与乡村旅游相结合。探索了旧村建新村的模式,通过以奖代补的方式,依山就势打造错落有致、文化浓郁、特色鲜明的新型川南民居,建成了以赏李花品李子为特色的"李园仙居"、以农耕文化为特色的"生态花园农家"和以制茶品茶文化为特色的"绿色茶坊人家"3个聚居点。四是积极培养科技致富创业带头人,发展职业农民。建立"学习培训—科技创业—带头致富"的培养模式。春风村的农业农村现代化发展模式,在根本上解决了农村农民的经济问题,大大改善了农村环境和农

二、什邡市

什邡市主抓"科技促特色，特色促发展"的思路，依托龙头企业和合作社，大力发展观光农业。一是大力培育新型农业经营主体。以扶持政策为引领，大力培育新型农业经营主体，近年来累计已发放 600 余万元奖励。目前，什邡市已有农业龙头企业 49 家、农民专合社 181 个、家庭农场 54 家，带动农户 10 万余户。引导农产品经营主体运用电子商务新型营销模式，马祖皇菊、鑫和川芎、365 绿保姆熊猫猪、红白豆腐干等多家新型农业经营主体实现农产品网上交易。二是实施农业龙头企业带动战略，以龙头带基地、联农户，不断完善产业链条，构筑农业产业化的生产格局。围绕优质粮油、蔬菜、中药材、雪茄烟和猕猴桃等优势农产品，不断增强市场开拓能力和辐射带动能力。三是大力推进休闲农业和乡村旅游融合发展。坚持"新村围绕产业建、产业围绕新村转"，开发农民新村和农村产业更多功能，积极发展乡村旅游等二三产业。举办了"马井元宵会"、"花样年华"郁金香节、樱花乡村旅游文化活动节、五彩油菜文化旅游节等一系列乡村旅游活动。在土地承包经营权确权颁证工作的推动下，什邡市土地流转总面积达 6.2 万亩，"合作社+社员+市场"的新型"农业观光"模式，催生出康之绿高端葡萄休闲体验园、四季东城农庄优质水果采摘体验园、马祖六合家园等一大批拓展农业功能，增强经营效益的农业企业。

什邡市皂角街道城东村依托五彩油菜花产业基地等形成的科技创新元素和农旅观光产品，形成"一区两园两基地一中心"的休闲农业发展格局，建设了一个集现代农业、花卉观光、果蔬采摘、科普教育等功能于一体的城郊现代观光农业公园。有力促进了农村一二三产业融合发展，为产村共融和生态宜居做出了德阳示范。一是科学规划建设美丽新村。编制《城东村新村建设概念性发展规划》，明确"舌尖城东，乐活乡村"形象定位。强化农村突出环境问题整治，在全村推行"垃圾组集中+转运有专人+全村有保洁"的城乡环境综合治理长效机制。二是科技引领，壮大特色产业。鼓励企业加大科技研发力度，与省农科院等多个科研院所和龙头企业保持长期合作，孝楠农业科技有限责任公司和四季东城现代农业产业园在技术创新上取得重大突破。四季东城现代农业产业园在平原地区首次成功试种大樱桃（车厘子）和10余种葡萄、草莓品种并成功引进到种植园区，建成五色油菜花科研基地和特色水果采摘园各1个。三是打造"乐活乡村、舌尖城东"。不断深化"传统种植＋乡村旅游"增长模式，依托"五色油菜花"的种植，定期开展文化旅游节庆活动，引导村民积极发展第三产业。投入800余万元政府资金完善基础设施，引进了现代观光农业项目3个，亲子体验项目1个，运动休闲项目1个，餐饮项目24家，撬动社会资金投入4200余万元。引导企业采用"组团推广""互联网＋""体验采摘"等多种模式，开展特色水果采摘和销售，不断拓宽产品销售渠道，实现销售收入7000余万元，解决企业、50余户农户的后顾之忧。

三、绵竹市

绵竹市地处四川盆地西北部，多年来，绵竹市结合自身优势，以"工业强市、文旅名城、美丽家园"为统领，以重点工作"六大攻坚"、重点项目"六大会战"为抓手，打基础、稳增长、育产业、促发展，深入实施创新驱动发展战略，推进以企业为主体、校市合作、企企联合和孵化载体相结合的科技创新体系，持续推进科技创新技术攻关、成果转化、创新平台建设"三张清单"落地落实。首先，以"工业强市"支持传统产业转型升级。一是围绕产业发展实施一大批工业技改、扩建项目，出台一系列支持传统产业转型升级、新兴产业加速发展的政策措施。二是以生物医药、高端装备制造、新材料三大产业为主，以现代农业、现代服务业为新的经济增长点，创建特色鲜明的产业园区集群。三是精准筛查，做好高新技术企业、科技型企业培育入库、技术合同登记工作，强化研发投入的统计监测工作。其次，以立体农业和绿色旅游业为主构建特色循环产业。一是建立循环农业科技园区，大力发展"猕猴桃—三叶草—獭兔—沼气—食用菌"循环农业，创新研究运用"猕猴桃—草—兔—沼"循环农业、"猕猴桃—草—家禽"立体农业的新模式，利用猕猴桃修剪枝条粉碎用于食用菌生产基质，充分发挥猕猴桃废弃物的综合利用价值。目前，年猕猴桃产值2000余万元，年獭兔总产值800万元，辐射推广带动区总产值约6.2亿元，人均增收 4500 元。二是依托"中国玫瑰谷"建立了从种植、加工、研发、生产、销售和服务为一体的玫瑰生态全产业链可持续发展的绿色循环产业，成为国内最大的大马士革玫瑰单体种植园区，在玫瑰深加工产品技术方面掌握了关键核心技术，建成了精油、干花、食品3条生产线，创建了自有品牌2个和玫瑰特色深加工产品100余种，年产值可达2200万元，带动旅游、大健康、文化、科技研发等产业联动发展，每年带动农民增收约1.32亿元。

第十节 贵州省

一、湄潭县

湄潭县位于贵州北部，是武陵山片区区域发展与扶贫攻坚重点县、全国农村改革试验区、国家级出口农产品质量安全示范区、国家级生态县、全国乡村振兴示范县。湄潭县坚持"五大发展理念"，以守底线、走新路、奔小康为主线，以供给侧结构性改革为抓手，大力实施新型工业化、新型城镇化、新农村建设、全景域旅游"三新一全"战略，突出抓好大扶贫、大数据、大生态、大健康、大基础"五大行动计划"，抓好投资拉动、改革推动、创新驱动、开放带动"四大引擎"，统筹推进经济、政治、文化、社会、生态文明和政府自身建设，加快建成"绿色高效园区、生态文明茶城、美丽乡村典范、休闲养生胜地"。一是依托园区带动产业绿色发展。湄潭县历届党委政府始终坚守"优势在茶、特色在茶、出路在茶、希望在茶、成败在茶"理念，咬定青山绿水不放松，扭住特色产业不动摇，锁定绿色工业做文章，依托生态旅游求突破，始终坚持生态、绿色的根本。突出湄潭好山好水出好茶的生态名片，有效减少化学农药使用，保护茶园生态环境，保障茶叶质量安全，打造有机茶品牌，推动茶叶产业稳步发展。依托国家农业科技园区，覆盖了遵义市茶叶产业带全部茶叶产区，在核心区内建成60万亩茶园，1万亩精品水果，6.5万亩现代烟草，2017年实现产值56.42亿元，茶农收入24.22亿元，辐射带动农户7.95万余户。二是注重研发体系建设，加强科技成果研发和应用推广。初步形成了"1564研发体系",建设了1个茶产业战略联盟(贵州黔茶联盟)、5个工程技术中心(国家级示范生产力促进中心、贵州湄潭茶叶加工与利用工程技术研究中心、湄潭兰馨公司技术中心、湄潭栗香公司技术中心、贵州西部T3创客中心)、6个科研教学基地(国家级科技特派员创业链基地、湄潭国家农业科技园区科技示范基地、贵州大学生命科学院教学科研基地、浙江大学产学研基地、贵州省茶叶研究所湄潭基地、中央农业广播大学湄潭农业教研基地)和4个人才团队(中国工程院陈宗懋院士工作站、贵州西部农产品交易中心专家工作站、湄潭盛兴公司创新人才团队、兰馨茶业创新人才团队),引进科技人才248人,"三区人才"144人。同时,注重研发推广新品种、新技术,黔茶新品种研发和茶树良种繁育技术、茶叶清洁化等多项科技成果得到转化应用,使土地产出率提高100%,劳动生产率提高50%。三是着力打造地区特色品牌,推进产业联动和融合发展。积极推进配套产业的发展,通过示范带动,发展了"稻鱼、稻蟹、稻虾、稻鸭"等稻田综合种养20万亩,精品水果10万亩,形成了茶业、茅贡米、精品水果等农产品研发、品种选育、基地建设、精深加工、电子商务、物流配送等全产业链,研发提取了茶多酚、茶树花精油,开发了茶食品、茶保健品、茶树菇等产品。同时,通过结合现代农业示范园区和新农村建设,坚持以"生态、休闲、养生、静心"为特色,大力推进"农旅一体化"发展,打造农旅精品旅游景区景点工程,加快建设"六线九园"彩湄工程,成功打造一批著名景区景点。2017年水湄花谷现代观光农业示范园区和现代观光农业示范园的产值分别达到了0.5亿元和2.27亿元。

二、息烽县

息烽县地处国务院确定的黔中经济区,位于贵阳生态保护发展区、北部高新技术产业实体经济带上。积极融入以贵阳为中心的1小时黔中核心经济圈,加快融入"三区两县"协同化发展,大力实施县域创新驱动发展,取得了丰硕的成绩。一是以农业特色主导产业助力县域脱贫工作。将吊瓜产业作为农业主导产业之一,命名为"息烽县康源田园农业综合产业扶贫示范园区",入住的贵州山友生态农业科技有限公司,以"做给农民看、带着农民干"的发展理念,在九庄镇杉林、竹花、新田、望城、和平、三合和鹿窝镇翁舍、新民等村流转土地3017亩种植吊瓜，涉及农户1120户，人口达5000余人，带动周边近530户农户发展吊瓜种植或就近就业，辐射带动182户低收入困难户人均可支配收入整体越过4300元。同时，该公司直接帮扶17户低收入户种植吊瓜18万株，支出劳务费360万元、土地入股分红16万元。二是以项目与合作平台为抓手促进企业科技攻关。以项目为抓手，整合政策资源，搭建合作平台，引导企业与贵州大学、云南大学、河南大学、绍兴市农科院等高等院校开展科研合作，大力推进科技创新成果转化应用。攻关红岩水晶葡萄生产白兰地等关键技术，引导转化磷石膏综合利用、红岩葡萄酒本地酿造技术、博施生物有机肥生产技术、特驱肉鸡养殖、西洋土壤膨松剂、鸿海磷石膏资源综合利用等科研成果20余项，大大降低企业生产成本，取得显著经济成效。借鉴校企合作方式，构建产学研基地，促成贵州大学食品酿酒学院与黄南武、叶老大两家辣子鸡企业签订了建立研发机构合作框架协议。三是以人才培育工程促进人才数量质量双提升。通过请进来与走出去相结合的方式，加快全县科技人才培育力度，2017年与贵州大学、省农科院等高校建立技术、人才合作关系，配合农口单位与高等院校围绕县的三大产业合办农村实用技术培训班80余期，培训农村实用技术人才4000余人。截至2017年年底，全县各类专业技术人员数达5936人，其中高级职称199人，中级职称1238人。

第四章 中国农业现代化建设中存在的问题

"十二五"以来农业现代化建设取得了巨大成绩，粮食连年增产、农产品质量安全水平稳步提升，农业综合生产能力达到高水平。随着农村改革深入推进，家庭经营、合作经营、集体经营、企业经营共同发展，农产品加工业蓬勃发展，农村居民收入逐年提高，城乡居民收入差距缩小。东部沿海、大城市郊区、大型垦区的部分县市已基本实现农业现代化，农业现代化已进入全面推进、重点突破、梯次实现的新时期。

科技创新是实现农村经济发展、农民收入增长、硬件设施改善等的重要途径。农业产业化龙头企业、涉农科技企业、涉农高校及科研机构、农业技术服务机构、新型农业经营主体等创新培育主体的参与程度、规模、模式创新、带动能力等方面不断加强。然而，由于中国农业高新技术产业发展起步较晚，原始创新能力不足，农业农村现代化发展面临传统农业制约现代化发展、创新主体匮乏、创新要素集聚能力弱、技术服务体系不健全、管理体制机制不完善、美丽乡村建设进程受到制约等问题。

第一节 在产业属性上传统农业特点制约现代化发展

传统农业特点与生产经营模式对现代化发展形成了制约，劳动生产率、土地利用率、资源利用率、绿色发展水平整体偏低，导致产业供给和需求不平衡、投资风险高等问题。

一、产业供给方面

长期以来中国形成了粗放的、小而散的、投资效益低微的传统农业生产经营模式，农业产业化程度低、农产品加工流通产业链条短的特点使得中国的农

第四章　中国农业现代化建设中存在的问题

业技术推广难度非常大，对农业生产规模化、标准化、品牌化、资本化等现代化进程形成了制约。

二、产业需求方面

固有生产经营方式惯性导致中国农产品质量良莠不齐，中国现代农业发展面临国内市场缺乏信心更多依赖进口的问题，市场需求对农业现代化发展的拉力不足，农业产业链拓展与延伸动力不足，难以形成高效"三产融合"式的全产业链发展。

三、产业特性方面

农业现代化特别是农业高新技术产业化具有双重风险，既要应对技术风险、市场风险、供需信息不对称风险等高技术产业所常要面临的风险，同时还要面临传统农业的自然风险，直接影响了产业界的投资动力。

第二节　在创新主体上各类主体整体匮乏且创新不足

创新主体小、散、弱的局面尚未得到根本改变，整体匮乏与创新不足并存，主要体现在涉农企业、涉农高校及科研机构、新型经营主体等的数量少、规模小、研发投入不足、基础设施建设不完善、区域发展不平衡等方面。

一、涉农企业方面

近年来，中国农业企业参与科技创新的程度日渐增强，一方面涉农企业数量不断增加；另一方面涉农企业取得国家科技进步奖和国家科学技术进步奖的数量均呈现整体增加的趋势。然而，当前涉农龙头企业数量少、研发投入不足等问题仍然很突出。一是龙头企业数量少。现代农业龙头企业相对较少，特别是涉农类高新技术企业仍然严重不足。2016年，涉农类高新技术企业占全部高新技术企业比重为9.75%，虽然与2015年相比略有提高，但仍然不足10%。此外，全国高新技术企业2015年营业收入涉农占比约为5%，涉农收入占比低、贡献率亟待提高。二是科研投入不足。国内大部分涉农企业研发投入不足1%，创新水平偏低，发明专利数、有效发明专利数占专利申请数的比重均低于高新技术企业平均水平。与其他类企业相比，中国农业企业科技创新能力依然较弱，科技对农业产业的支撑能力亟须加强。

二、涉农高校方面

涉农高校承担着人才培养、农业科研、社会服务和产学研相结合的职责，是发展中国农业高新技术产业的重要力量。涉农高校承担了大量国家科研任务，在科学栽培与养殖技术、病虫害防治技术，以及主要农产品的产后保鲜、贮藏、加工、检验等方面的高新技术成果不断涌现，为中国农业高新技术产业发展提供了重要支撑。同时，涉农高校在培养农业高新技术人才和科技服务人才方面作用显著，为国家培养了一大批农业高新技术产业研发和经营管理人才。

当前，涉农高校面临的问题与不足主要表现在：一是涉农高校对实用技术的研发力度不够。涉农高校多数从事的是政府主导型的科研，立项的针对性不强，存在重"立项"、轻"执行"，重论文数量、不重视科研成果转化的现象。二是涉农高校人才培养过程中更加注重理论基础的学习，与农业高新技术产业需求的人才契合度不高。三是涉农高校的技术服务活动与企业的合作不紧密，并没有给农业企业提供有效的知识与技术支撑，支撑力度仍有不足。

三、涉农科研机构方面

中国农业科研机构主要包括种植业、畜牧业、渔业、农垦、农机化等方向。近年来，随着研发投入的不断增强，中国农业科研机构支撑高新技术产业的创新能力也得到持续增强，主要体现在农业科技人力资源结构逐步优化、科技创新投入力度持续加大和科技创新产出能力稳步提升。

从涉农科研机构发展面临的问题与不足来看，主要表现在：一是由于制度设计不合理，导致农业科研机构人员将精力集中于申报竞争性项目，造成科技创新效率不高，科技成果与生产需求脱节。二是科研人员制定选题时缺乏对市场需求的分析，无法全面掌握和满足市场的实际需求，导致农业科研和生产实际脱节。三是科技活动支出比例不合理、支出结构有待优化,忽视了科技人才和设施设备对高新技术产业的支撑作用。

四、新型农业经营主体方面

当前,中国新型职业农民、家庭农场、农民专业合作社等新型农业经营主体的规模稳步扩大。无论是新型职业农民还是大学生、返乡民工、科技特派员,这些新型主体都具备更为年轻化、专业化、更高学历和知识水平的特征,在创新能力上较传统农业经营者有更大优势,正日益成为农业高新技术产业创新发展的新生力量。

从新型农业经营主体发展面临的问题与不足来看,一是政府支持力度不足与配套政策缺失导致新型农业经营主体发展受限。中国涉农资金和配套政策主要用于民生事业和对传统农户的支持,财政对公共服务平台、农业高新技术企业孵化、成果转移和新型主体的支持层面投入明显不足。二是新型农业经营主体普遍经济基础较为薄弱,难以支撑较高的创业投资成本。三是农业生产性和农村生活性基础设施不完善,以及配套的技术交流、信息化平台和教育培训等社会化服务体系建设滞后,延缓了新型农业经营主体的创新步伐。四是新型农业经营主体区域发展不平衡,区域整体经济效益不高。例如,南方的家庭农场数量普遍高于北方,北方经营规模普遍大于南方,农民工返乡创业南北区域不平衡;家庭农场虽然实现了土地规模经营、提高了土地生产率、增加了经济效益,但由于生产投入过高导致净利润低。

第三节 在载体平台上创新要素集聚能力仍亟待加强

核心载体、创新平台仍不健全,对创新要素集聚、产业持续创新、产业规模扩张、产业结构优化的支撑尚不能满足现代化、高质量农业发展需求。

一、园区等载体方面

经过多年发展,中国在国家农业高新技术产业示范区、国家农业科技园区、现代农业示范区、国家现代农业产业园等园区载体建设方面取得显著成绩，也存在诸多需要进一步完善和亟待解决的新问题。一是虽然多模式发展，但集聚能力不强、同质化等问题突出，引领示范现代农业发展的作用还未充分凸显，新产业和新业态的集聚效应不够，农业产业竞争力不强，园区创新创业、成果转化水平仍需进一步提高。二是部分载体对企业吸引力不足，缺乏农业高新技术企业和龙头企业，高级专业人才、专业研究平台、软硬件设施、土地配套政策、金融贷款政策等要素支撑不足，资源集聚程度低，园区的组织领导和业务指导有待加强。三是园区等载体在各地方发展不平衡、建设水平参差不齐，特别是部分中西部和贫困地区载体对区域特色重视不够，项目及产业趋同现象普遍，区域布局有待进一步优化。

二、新型创新平台方面

近年来，中国创新平台建设成就显著，数量和规模水平不断提高，创新平台的建设与完善显著提升了农业科技自主创新能力。然而，虽然新型创新平台发展快速，但仍无法满足当前迫切需求。当前，创新平台仍以现行体制中的农业技术推广部门为主，星创天地、众创空间等新型孵化体系处于快速发展阶段但仍不健全，平台服务尚无法满足当前农业农村现代化对科技创新服务的迫切需求。服务对象主要集中在种植、养殖等领域，存在总体供给不足、结构失衡等问题，特别是农畜产品贮藏加工及先进的农业生产技术转化等亟须改善。

第四节　在技术服务体系上传递和转移体系不健全

随着中国农业经营体制逐渐向适度规模经营模式转变，农业技术服务组织总量快速增长。然而，目前中国农业科技体制的弊端导致农业创新主体与农业高新技术产业需求主体之间存在鸿沟，面临的问题和不足主要表现在：由于技术服务体系存在市场主体发育不足，技术供给与需求之间存在结构性失衡，技术服务对象不均衡，技术服务模式及手段不足等问题，农业高新技术传递和转移体系不健全，技术链与产业链脱节。

一、市场主体发育方面

当前,国内许多省市搭建了农技推广及相关信息采集平台,农业技术服务信息化水平不断提高,农业技术服务支撑能力得到有效提升。然而,从总体上看,农业技术市场主体发育仍然不足。当前,各级政府的农技推广服务由于体系不健全、基础设施缺乏、经费短缺、技术滞后等原因,影响其正常、有效的运作,无法主动进入市场,而各种经济实体和科技组织也存在发育不足、无法承担科技商品供应任务的问题。农业技术服务市场的自主创新意识薄弱,重引进、轻消化吸收,重模仿、轻研发创新的现象普遍存在,影响和制约了农业技术服务市场化的质量和效率。

二、技术供给与生产需求方面

当前,农业技术市场的供方主要是各级政府的农业推广机构、独立经营的经济实体和科技组织(包括专业公司、专业社、专业户、科研院所和院校等),需求方是农户、农业企业、农场、农民合作社等。在农业技术市场供给方面,一是有效供求不足,影响技术需求的选择空间。二是农业技术成果鉴定及其使用价值评定方面缺乏权威组织和完善的评议指标体系,影响农业技术商品进入市场,大大抑制了农业技术市场发展。

在农业技术市场服务方面,由于受经济成本的制约,以营利为目的的科技型企业和技术服务公司的技术服务对象主要为有一定规模的农业企业、农场、农民合作社和种养殖大户等,而分散的个体小农户则很少能得到科技公司的服务与帮助。此外,广大农户由于分散经营、科技文化水平低、市场信息不足、缺乏风险准备等原因,对采用先进农业技术的需求也缺少紧迫感和主动性,无法形成有效的需求主体进入市场。因此,技术供给与生产需求还存在一定偏差,往往忽略农民的真实需要与利益诉求,而推广一些价格高昂的农技产品或技术,供需主体缺乏,农业技术市场交易运行欠佳。

三、技术服务模式及手段方面

技术服务模式及服务手段亟须规范和创新，在提供全产业链技术服务和跨区域、跨领域的综合性农业社会化服务方面能力不足。一是农业技术交易行为分散、不规范，技术商品市场化缺少经营管理，农业技术市场管理尚未形成规范化的法律条例。二是对技术市场管理者行为管理不够，没有对技术市场管理机构设置、技术市场管理权限、管理程序和管理方式等做出明确规定，没有对举办技术交易会、技术市场统计、技术合同的认定与登记等工作进行规范化，不利于农业技术进步。

第五节 在体制机制上管理体制机制尚需进一步完善

农业土地、科技等管理体制机制尚需进一步完善，现代产业治理体系与治理能力有待进一步强化和提高。

一、现行土地制度方面

现行土地制度方面存在的主要问题表现在：一是农村土地产权关系和主体界定不清。现阶段在家庭承包制下农村土地所有权主体多元交叉问题仍然存在，导致农民实际缺乏充分行使自己土地权利的能力，在农村土地产权制度中处于弱势地位。二是农村土地流转管理亟待加强。农村土地流转缺乏具体的法律法规支持，土地流转主管部门缺乏完整的政策体系和现代化的工作手段，存在手续不规范、条款不完备等问题，纠纷隐患较多。管理机构和经费不到位，缺乏统一规范的土地承包和流转管理机构，土地承包管理有名无实，土地流转管理处于真空状态，影响了土地流转的规模和效益。三是土地征收补偿机制未完全体现农民利益，后期安置及保障体系仍不完善。农村土地能否进行流转，很大程度上取决于农民的就业问题能否得到解决，能否有稳定、可靠的非农收入，能否引进讲信誉、有实力的业主，能否选准、选好产业发展项目。然而，当前农村劳动力转移没有为农村劳动力提供良好、稳定的预期经济收益保障，影响土地流转顺畅进行。

二、现行科研体制方面

现行科研体制方面存在的主要问题包括：一是政府职能转变尚不到位，当前仍是由政府主导，市场监督机制、科技激励及科技风险机制不健全，许多长期性和基础性的工作没有得到持续稳定的扶持，科研与生产存在一定程度的脱节，科技成果转化不畅，存在资源浪费。二是农业科技创新体系中科研、推广、教育、转化和产业化子系统相互割裂，供需之间存在时滞性，降低了农业科技的供给质量和转化效率。

第六节　在农村建设上美丽乡村需要系统化持续推进

农村人口多、密度大、基础设施落后、农村教育、农村剩余劳动力转移和农村社会组织等问题，严重制约了美丽乡村建设的进程和发展方向。

一、农民利益方面

在改革深化期，农民的物质利益矛盾主要聚焦于土地征收增值收益和农民工讨薪方面。由于征地补偿标准提高幅度远跟不上地价上涨幅度，集体和农民土地增值收益分配比例不断降低。要提高农民在土地增值收益中的分配比例，需要在提高征地补偿标准、让农民参与增值收益分成、缩小征地范围、农民自主流转土地等措施方面进一步落实。

二、社会保障方面

逐渐固化的城乡二元结构问题，已经阻碍了农民群体的发展，导致城乡居民在教育、医疗卫生、社会保障等方面差距逐渐拉大，城乡基本公共服务不均等现象愈演愈烈。在建设社会主义新农村的背景下，中国农村社会保障体系的建设取得了一些进展。但是，与城市较为完善的社会保障体系相比，中国农村社会保障事业的发展仍是初级的、低水平的。主要问题包括以下几个方面：一是保障覆盖面窄。与城市保障覆盖的范围相比，农村社会保障体系很不健全，农村大多数人还无法享受到社会保障。二是保障管理混乱。中国农村社会保障的现状是城乡分割、条块分割、多头管理，管理体制混乱，保障基金管理缺乏约束。三是保障资金不足，削弱了农村社会保障的保障功能。四是保障立法滞后。中国农村社会保障立法状况的突出特点是法律制度缺乏，立法层次低，立法主体混乱，立法层级无序。而且农村社会保障制度主要以有关部门和地方政府的政策为指导，缺乏法律依据。五是保障发展不平衡。由于受政府重视程度和发展水平的影响，所以不同地区、不同行业的农村社会保障的发展存在很大差距，保障项目发展也不够平衡。

三、农村社会组织方面

当前，农村社会组织存在规模小、运转不规范、发展缓慢等现象，无法满足农村现代化需求的问题亟须解决。一是现有农村社会组织规模偏小、结构松散。现有的农村社会组织从总体上仍然处于发展初级阶段，存在"散、小、差"的问题，对促进农村经济社会发展和城乡一体化进程的作用仍然比较有限，还远远不能适应农村经济社会发展的需要。二是现有农村社会组织可支配资源要素较为匮乏。当前，资金、技术、人才等要素的匮乏，严重制约了农村社会组织的发展。三是现有农村社会组织的社会认可度不高。主要体现在：现有农村社会组织服务农业、农民、农村经济社会发展的能力较弱，导致了其社会认可度不高，现有农村社会组织的运作存在不够透明、不够公开的问题。

第五章 推进农业农村现代化建设科技创新对策建议

科技创新是促进农业农村现代化的重要途径，当前创新主体匮乏、创新要素集聚能力弱、技术服务体系不健全、管理体制机制不完善等问题制约了农业现代化建设进程。解决这些问题，要从发展农业高新技术产业、构建现代农业产业体系、培育新型农业生产经营主体、完善体制机制等方面出发。建议推进产业创新和业态创新、加强农业创新主体培育、加强创新产业载体平台建设、完善和发展农业技术服务体系、推进体制机制创新、实施城乡一体化发展等，以实现进一步推动农业由增产导向转向提质导向，提高农业创新力、竞争力及全要素生产率，提高农业质量、效益和整体素质，落实乡村振兴战略。

第一节 推进产业创新和业态创新，培育农业农村发展新动能

一、强化科技支撑

以科技、信息和知识为支撑，增强新科技运用能力，促进要素聚合、叠加衍生等，加快改造和提升传统动能，运用大数据建立生产、市场信息分析及预警机制，提高农业新产业新业态供给质量。强化农业高新技术产业的科技创新支撑，保证创新链各个环节的有效衔接，主要包括技术攻关、技术推广、成果转化及创新平台四大类。

（一）技术攻关支撑

解决创新源问题，鼓励基础研究，组织开展核心关键技术的攻关等。依靠

高校、科研机构等通过基础研究和原始创新提供源源不断的新技术和新理念，产生大量产业发展所必需的创新成果和技术来源。

（二）技术推广支撑

加快健全以国家农技推广机构为主导，农业科研教学单位、农民合作组织、涉农企业等多元推广主体广泛参与、分工协作的"一主多元"农业技术推广体系，加强国家农技推广机构建设，引导科研教学单位开展农技推广服务，支持引导经营性组织开展农技推广服务。

（三）成果转化支撑

鼓励开展产学研合作，健全农业高新技术成果使用、处置和收益管理制度，深化基层农技推广体系改革，设立孵化器和科技园区，加强农业知识产权保护和应用，建设全国农业科技成果转移服务中心等，促进创新成果的顺利转化。

（四）创新平台支撑

创新环境建设是科技创新和成果转化的重要保障，主要包括科技创新资源共享平台、面向行业的共性技术研发与测试平台、重点企业研究院、高新技术企业研发中心、科技创新服务平台等，促进农业高新技术产业技术的研究开发及成果转化、示范推广等。

二、优化农业产业结构

优化调整农业产业结构，建立生产、加工、营销等一体化布局，通过延伸产业链、价值链来提高收益，形成竞争力强的现代农业产业体系。延伸拓展传统农业的功能边界，实现农业产业从依靠自然资源单一要素向多要素集合过渡，从有形的物质产出向无形的非物质产出延伸，从平面的单一产品产出向立体的多种产品产出扩展，需要集聚技术、智力、资金等各类创新要素，走科研、开发、经营一体化发展道路，构建现代农业产业体系。例如，浙江省2015年创建完成的现代生态循环农业试点省，建成了涵盖畜牧、水产、竹木等示范性农业全产业链29条,实现年总产值超过1000亿元。为进一步调整优化农业产业结构,应采取以下措施。

(一)加强农民专业合作社和农产品运销组织发展,帮助农民了解市场

在继续稳定农户家庭经营体制的基础上,积极扶持农民专业合作社的发展,扶持农村个体运销大户,培育民间运销组织。同时,积极发展"订单农业",有条件的地方要发展生产基地与连锁经营、配送中心相结合的新型流通方式。总之,要通过各种方式解决农户分散经营与大市场的矛盾,帮助千家万户了解市场,使农民能按照市场需求来调整农业结构。

(二)加大对龙头企业的扶持力度,大力推进农业产业化经营

实践证明,农业产业化经营是调整优化农业结构的重要途径。通过农业产业化经营,千家万户的农民实现了与市场的对接。因此,要继续大力推进农业产业化经营,进而带动农业结构的调整优化。推进农业产业化经营的一个重要环节是壮大龙头企业。政府要加大对龙头企业的扶持力度,为龙头企业创造良好的发展环境。要加快对现有农产品加工企业和流通企业的技术改造,鼓励采用新技术和先进工艺,提高加工能力和产品档次。要加大对现有农副产品加工业和流通业的改组改造,把有市场、有效益的加工企业和流通企业改造成为龙头企业。鼓励投资主体多元化,广泛吸引各类合作经济组织、社会民间资本和国外资本参与龙头企业建设。鼓励龙头企业到主产区建立生产基地,带动农民调整结构。

(三)健全农产品信息体系、市场体系和质量标准体系

一是要完善中央和地方的农业信息网络,强化省级农业信息体系建设,健全县级农村经济综合信息服务体系,在有条件的地方要逐步将农村经济信息系统向乡镇和农户延伸。做好农产品生产信息、技术信息、价格信息和供求信息的收集和发布工作,为农民调整农业结构提供及时准确的信息。二是要加强农产品市场体系建设,重点培育和发展辐射面大的农产品批发市场,加强农产品加工贮藏运输设施及市场信息服务系统的建设。三是要制定和修订农产品质量标准,建立健全农产品质量监督监测体系,积极开展农产品质量认证工作,完

善农产品优质优价政策。

（四）加强农业科技创新，为农业结构调整提供技术支撑

一是要适应农业结构调整的要求，重新确立农业科技研发的重点。农业科技研发重点要从主要追求增产技术转向追求优质高效技术，从以粮、棉、油、糖、畜禽等大宗农产品生产技术为主转到大宗农产品生产技术与特色农产品生产技术并重，从生产技术领域拓展到产后加工、保鲜、储运等领域。二是要抓住关键技术，实行科技攻关。重点要围绕高科技育种技术、设施农业技术、节水农业技术、病虫害综合防治技术、生态农业技术、绿色无公害生产技术、工厂化生产技术、标准化生产技术，以及农产品精深加工技术、农产品保鲜储运技术、农产品质量监测和动植物检疫技术进行重点攻关。三是要加强农技推广体系建设，加快农业科技成果应用步伐。当前，要为农民及时提供农业结构调整所需要的种子、苗木、种畜禽、菌种等，并为农民解决农产品加工、储运、销售过程中的技术问题。

（五）加强农业基础设施和生态环境建设

一是要结合标准化农产品基地建设，完善农田水利、道路、电力等基础设施，为农业结构调整创造条件。二是要加强农业生态环境建设，为发展优质农产品提供环境条件。

三、构建多元化格局

构建多模式并举、多主体参与、多机制联动、多要素发力、多业态打造的多元化格局，重点发展乡村观光旅游休闲产业、农村电商产业、农产品加工业和农业生产服务业等。发展健康养老、全域旅游等绿色循环经济，建设一批产业文化旅游三位一体、生产生活生态同步改善的特色村镇，提高城乡居民生活品质。实施农村电商工程，开展淘宝、微商等多种经营方式，覆盖快递、电商服务点，构建完善的农村商贸流通体系。

第二节　加强农业创新主体培育，形成农业高新技术企业群

一、培育新型农业经营主体和龙头企业

培育新型农业经营主体，包括农民专业合作社、科技特派员、新型职业农民、家庭农场、大学生、返乡农民工等。此外，建立惠农富农的利益联结机制，保障农民收益。当前中国家庭农场、新型职业农民、大学生返乡创业、返乡农民工等新型农业经营主体的数量稳步增长，已成为农业高新技术产业创新的新生力量。

加大培育研发投入大、技术水平高、综合效益好的农业创新型企业及龙头企业，形成农业高新技术企业群。近年来，中国农业产业化龙头企业的企业数量和规模水平不断提高，市场竞争和发展带动能力显著增强。农业龙头企业一方面参与技术创新，与高校和科研机构对接，从实际需求对科研提出切实要求，是技术创新的重要主体和平台；另一方面直接应用创新成果，与合作社、新型农业经营主体、技术服务机构联合确保科研成果的市场化转化，是科技成果产业化的关键推手。

坚持创新是引领发展的第一动力，把培育农业高新技术产业创新主体的自主创新能力和科技成果的引进消化吸收能力作为推进农业供给侧结构性改革和实施乡村振兴战略的重要抓手，进一步提升农业高新技术产业创新主体的科技内涵，优化创新创业的生态环境，完善激励创新的体制机制，着力推动创新主体的多元化、智能化和协同化发展，有效提升农业高新技术产业创新主体在国家高新技术产业示范区和现代农业产业体系建设中的战略支撑作用，将农业创新主体培育成为引领农村一二三产融合发展和促进"农业增效、农民增收、农村增绿"的重要战略支点。

二、强化创新主体地位

强化农业企业的创新主体地位，提升农业企业的创新能力和综合竞争力，

把各类创新资源引入农业企业，促进企业与研发机构的有机结合，保证各项创新政策真正落实到企业。创新科技资源引入模式，主动对接创新资源，构建开放创新资源引入机制，坚持引资与引智引技相结合，实现项目、人才的聚集，加快提高核心载体产业的突破性创新能力，突破产业关键技术和核心技术，培育新产业和新业态。

构建以涉农高校和科研机构为技术支撑，农业龙头企业及配套企业为产业发展主体，新型农业经营主体为产业发展支撑，农业技术服务机构为服务保障的新主体发展格局。加大农业龙头企业、农业高新技术企业、农业科技创新型企业的培育力度，鼓励其积极承担国内外重大专项。大力开展产学研活动，鼓励高校院所、科技服务机构积极参与。

（一）强化对农业创新主体科技活动的项目支持

支持涉农高校院所和农业重点龙头企业、高新技术企业积极牵头组织建立产业技术创新战略联盟和协同创新共同体，共同承担和组织实施科技项目，优先支持各类创新主体申报地方科技计划项目。

（二）加强农业高新技术领域重大科技基础设施建设

吸引和布局一批高水平创新资源和平台，引进和培育一批与农业高新技术产业发展密切相关的应用型科研机构、企业研发中心（实验室）、国家重点实验室、国家工程技术（研究）中心、博士后工作站等创新载体，吸引汇聚全球顶尖科研机构和创新人才团队，开展重大前沿性基础研究。

（三）贯彻落实和研究制定相关优惠政策

研究制定更符合农业高新技术产业特点的财税优惠政策；研究扩大农业高新技术企业行业范围，并依据不同区域、不同行业类型等情况，分类研究制定农业高新技术企业认定标准及相关配套政策，适当放宽农业高新技术企业认定标准。对银行类金融机构和非银行类金融机构投资和入股农业创新型企业给予政府担保、财政贴息、税收减免等多种政策支持。

（四）设立农业高新技术产业创新示范区科技创新专项资金

各级财政安排一定比例资金，合作设立农业高新技术产业创新示范区科技创新专项资金，重点扶持涉农高校院所、科研机构、农业高新技术企业、农民专业合作社及产业联合体、科技特派员等围绕产业链开展科技创新创业。

（五）创新农业科技金融服务模式

在创新示范区开展投贷联动试点，探索开展知识产权证券化试点和股权众筹融资试点。搭建创新示范区融资平台，为各类主体创新创业提供投融资与担保服务。支持金融机构设立农业高新技术产业创新"惠农贷"，为企业、返乡农民工、科技特派员等提供特别项目贷款；支持符合条件的农业高新技术企业或项目通过上市、发行企业债、公司债、资产证券化等金融工具来筹集发展资金。

（六）探索实施差异化土地支持政策

对携带高新技术成果的农业科技人员、农业技术服务机构、农业高新技术企业、科技特派员等在示范区内创办、领办的农业创新型企业可在土地使用价格方面给予优惠，在土地上探索采取划拨方式，或与既有单位合作，以股份形式征用土地。在租用的土地上经批准可修建农业生产、科研、管理设施。项目单位可一边申办土地使用权证，一边实施项目建设。

三、加强人才队伍建设

加大对农业科技创新人才的引进和培养。一是积极引进和培养高层次农业科技创新人才、创新型团队、高层经营管理人才等。培养、造就和遴选具有开拓创新精神的科技型农业企业家，不断提高现代农业企业的创新能力。二是依托新型职业农民培育工程，整合各渠道培训资金资源，实施现代青年农场主培养计划、农村实用人才带头人培训计划及新型农业经营主体带头人轮训计划等；将农业高新技术企业列入高校毕业生"三支一扶"计划、大学生村干部计划服务岗位的拓展范围。三是通过股权激励、人事管理、薪酬管理等方面进行制度创新，吸引各类农业科技人员和创新团队开展创新创业，鼓励科研人员到农民合作社、龙头企业任职兼职。

四、创新培训模式

开展富有特色的专业化培训，提高农民的创新创业精神和能力，全面提升农民在新产业、新业态、新动能创新上的主观能动性。加快构建新型职业农民队伍，加大农村实用人才带头人、现代青年农场主、农村青年创业致富"领头雁"和新型经营主体带头人培训力度。

依托核心载体开展农科培训，通过示范带动，培养农科带头人和各类农业科技服务人员，推进农民职业化发展，实现农民与科技、农民与企业的有效对接，真正让农业成为有奔头的产业，让农民成为体面的职业，为促进农业增效、农民增收开辟了新的途径。一是统合各类培训资源，搭建培训平台。筹建职业农民技术技能培训学校，组建了一支专兼职相结合的培训师资队伍；依托高校科研院所建成培训综合信息服务平台。二是以服务区域农业主导产业为落脚点，大力开展专业技术培训。围绕区域主导产业，开展灵活多样、形式多样的技术培训，促进当地农业主导产业发展。

第三节　加强创新创业载体平台建设，促进农业科技成果转化应用与示范推广

加强建设创新创业载体，尽快实现各类载体平台由数量和空间的扩展向服务能力提升转变。中国农业高新技术产业载体主要包括国家农业高新技术产业示范区、国家农业科技园区、国家现代农业产业园、全国农村产业融合示范县、孵化器、技术创新联盟、产业研究院、工程技术中心、重点实验室、共性技术平台、星创天地等类型，其中，产业核心载体为国家农业高新技术产业示范区、国家农业科技园区、国家现代农业产业园、全国农村产业融合示范县。创新环境建设是科技创新和成果转化的重要保障。立足现有产业基础，大力推进高新技术企业、国家（重点）实验室、国家工程（技术）研究中心、高等学校新农村发展研究院等各类创新创业平台建设。引导创新平台向农村延伸，成

为成果转化应用和示范推广的创新之地。

一、强化核心载体创新引领的要素保障

创新要素作为创新过程中的基础性条件，决定并制约着创新的过程。要充分发挥创新要素在培育核心载体中的基础作用，将创新要素聚集与核心载体经济发展战略协调统一，将创新要素聚集纳入产业发展、空间布局规划中，使其相互衔接。

二、优化核心载体的技术创新体系

创新体系是各种资源高效集结以促进产业自主创新的重要载体。要以增强核心载体对区域农业经济发展的支撑引领能力为核心，围绕农业高新技术研发、转化、交易、服务的思路，优化核心载体的技术创新体系；依托重大创新平台，完善创新网络和创新节点，消除科技创新中的孤岛现象，向整合要资源、向集成要效益，推进产业链、创新链、资本链、人才链、政策链有效融合；提高创新载体的知识吸纳能力和转化能力，将科技创新潜在优势转化为现实竞争优势，实现技术跨越、产业跨越以至生产力发展的跨越。

三、完善核心载体的创新生态环境

生态系统即在可持续发展理念下促进创新持续涌现，通过将创新投入、创新需求、创新基础设施与创新管理在创新过程中的有机结合，实现高质量的经济发展。创新环境主要起到向创新主体提供"营养"与服务、提高创新主体创新成功概率的作用。建立完善的创业生态环境是培育核心载体的重要保障，有利于降低创新成本，营造良好的创新氛围，通过物质流、信息流、知识流等实现内部组织结构和创新行为的最优。为此，培育核心载体需要以营造良好的创新创业生态环境为基础，完善场地、网络、资金、人才等扶持政策，形成有利于创新创业的市场环境；培育各类新型的众创空间和网络众创平台，进一步降低创新创业成本，集聚各类创新资源，加快促进互联网与相关产业跨界融合创新，促进创新创业与市场需求的对接，吸引更多人参与创新创造，壮大创新创

业群体，拓展就业新空间；同时，积极塑造尊重知识创造、崇尚创新的创新文化，坚持遵循文化与经济双向互动的创新路径，激发创新潜能。

四、提高核心载体的创新驱动能力

培育核心载体，打造引领区域创新发展的助推器，关键在于提高核心载体的农业高新技术产业创新活力，重塑产业链条，提高产业核心竞争优势。产业创新驱动能够提高产业技术竞争力，逐渐替代原有技术落后的产业，打破原有市场结构，成为新的产业链核心，并带动关联产业发展，提升产业结构，发挥对经济增长的主导作用。要以激发产业活力、优化产业链条、提高产业发展层次、提高产业竞争优势、培育新经济增长点为目标，以"强链"和"补链"为重点，加快突破一批关键核心技术，推动一批重大科技成果转化和产业化；积极应用智能机器人、互联网+、新一代信息技术等新技术对区域传统优势产业进行技术改造，实时延长、增补必要的产业环节，增强产业战略环节，使得产业链得到优化、先进性和控制力得到有效提升；以"建链"为重点，突破一批关键性技术直接嵌入产业价值链的高端环节，进一步完善新兴产业链条，提高战略性新兴产业的整体竞争优势，加快培育创新型产业集群，培育支撑区域经济发展新的增长极，加快提升在国际产业分工新格局中的战略地位。

五、培育核心载体的创新型企业群体

创新型企业是实施创新驱动的关键主体，也是核心载体实现科技与经济紧密结合，推动科技潜力向现实生产力转化，加快转变发展方式和调整经济结构的重要基点。培育核心载体，增强区域创新驱动能力，提高国际竞争力，关键在于在核心载体关键领域和重要产业中强化创新型企业的梯队建设，逐步培育发展一批创新能力强、"两化"融合深、发展潜力大、市场影响广，具有可持续发展能力的"航母型"创新领军企业，形成驱动经济创新发展的主导力量，充分发挥创新型企业的支撑、带动作用，增强产业突破性创新能力，推动相关产业实现重大技术突破，提升产业技术水平，掌控产业竞争主导权。

第四节 完善和发展农业技术服务体系，建立全方位技术传递和转移转化载体

一、扩宽农业技术服务领域

当前，中国农业技术服务组织包括技术中介、科技服务公司、产业技术创新战略联盟、行业技术协会、产业联合体等。农业技术服务机构作为农业龙头企业与高校、科研单位的中间桥梁和纽带，在整个科技创新过程中是最后一个阶段的关键一环。它与其他创新主体之间建立合理的利益分配机制，依托高校和科研机构的创新成果，协助企业一起做好技术转化与孵化。因此，它与其他创新主体之间应该是一种"协作与依托"的关系。

当前，农业技术服务领域还需要进一步扩宽，促进服务主体多元化、服务模式及服务手段不断创新，逐步向产前信息和资料供给、产后加工、流通、品牌营销等一条龙服务模式转变，提高自身在提供全产业链技术服务和跨区域、跨领域的综合性农业社会化服务等方面的综合能力。搭建农技推广及相关信息采集平台，用移动云终端武装基层农技推广人员，农业技术服务信息化水平不断提高，有效提升农业技术服务的支撑能力。

二、健全和完善农业技术市场

积极培育和发展农业高新技术市场，培养和引进农业技术市场经营管理人才，建立高标准、严要求、专业化的现代农业技术市场经营管理队伍。健全和完善农业技术市场法规，完善以知识产权法、专利法、技术合同为核心的科技成果转化保护体系，制定与完善农业技术市场的管理条例，严厉打击假冒伪劣和违法侵权行为，使农业高科技成果像普通商品一样在市场上顺畅流通，保障农业科技人才合法收益。建立示范区农业技术产权展示交易平台，促进农业科技创新体系分工合作，加速成果转化运用。

三、发展农业技术中介体系

培育和发展农业高科技成果评估、定价、流转和监管等方面的中介机构，加速农业科技成果转化及流通。完善和发展中介体系，可以实现农业高新技术供给与技术需求的对接，让农业高新技术供需双方之间顺畅沟通。利用中介组织，疏通渠道，抓好信息交流和典型示范，扩大成果应用范围，提高成果质量。创新成果转化率是影响农业高新技术产业发展的重要因素。创新成果有效转化，有助于企业得到所急需的技术和成果支持，实现创新链与产业链无缝对接。建立政府引导、以科技特派员为先驱的多渠道科技成果转移转化模式，建设全国农业科技成果转移服务中心等，加强农业知识产权保护和应用，促进创新成果的顺利转化，推动科技成果与产业融合。

第五节 推进体制机制创新，深化农村土地产权制度改革和成果转移转化制度建设

一、建立现代农村土地产权制度

以土地"三权"分置为统领，探索土地集体所有权实现形式、承包权退出形式和完善继承权等权能形式，建立归属清晰、权责明确、保护严格、流转顺畅的现代农村土地产权制度，创新土地经营权流转方式，推进农村集体经营性建设用地入市改革。

坚持农村土地集体所有权，稳定农户承包权，放活土地经营权，以家庭承包经营为基础，推进家庭经营、集体经营、合作经营、企业经营等多种经营方式共同发展。鼓励承包农户依法采取转包、出租、互换、转让及入股等方式流转承包地。在土地集体所有和家庭联产承包责任前提下，进一步完善农村土地管理制度，依法保障农民对承包土地的占有、使用、收益等权利。建设农村土地使用权合理流转机制，使农村土地资源得到高效利用，实现规模化、集约化经营。

二、建立进城农民依法自愿有偿转移"三权"机制

统筹推进农村土地征收、集体经营性建设用地入市和宅基地制度的改革试点，缩小土地征收范围，规范土地征收程序，规范多元保障机制，建立土地增值收益分配机制。

建立进城落户农民"三权"维护和自愿有偿退出机制。加快推进农村集体产权制度改革，确保如期完成土地承包权、宅基地使用权等确权登记颁证，积极推进农村集体资产确权到户和股份合作制改革，不得强行要求进城落户农民转让其在农村的土地承包权、宅基地使用权、集体收益分配权，或将其作为进城落户条件。建立健全农村产权流转市场体系，探索形成农户对"三权"的自愿有偿退出机制，支持和引导进城落户农民依法自愿有偿转让上述权益，但现阶段要严格限定在本集体经济组织内部。

三、推进农村集体产权制度改革

农村集体产权制度改革是农村土地"三权分置"重大制度创新之后，中央部署的又一项管长远、管全局、管根本的重大改革。农村集体产权制度改革是在坚持集体所有制的基础上，以保护集体资产保值增值、壮大集体经济实力为目标，以保护农村集体经济组织成员合法权益为核心，推进以股份合作为主要形式，以清产核资、资产量化、成员界定、股权设置、股权界定、股权管理、收益分配为主要内容，把农村集体统一经营管理的资产（主要是经营性资产）折股量化到人，符合身份的社员当股东，村民变股民，对村集体资产共同管理、监督、分配收益的一项制度创新。这项改革有利于增强农村集体经济发展的活力，有利于增加农民的财政性收入，有利于增添农业农村发展的新动能。

稳步推进农村集体产权制度改革，要开展集体资产清产核资，明确集体资产所有权，强化农村集体资产财务管理。同时，有序推进经营性资产股份合作制改革，确认农村集体经济组织成员身份，保障农民集体资产股份权利等，探索与市场竞争相适应的集体经济组织产权结构和管理体制。

第六节 实施城乡一体化发展，推进农村治理的现代化建设

中国农业政策制定逐渐由农业解决温饱向注重高质量发展，由生产导向向消费导向，政府直接干预价格向市场决定价格，由单纯粮食安全战略向多重战略目标转变的发展态势。在新的历史时期，加强农业行业内各个领域的创新，不断完善各类要素保障，提升农业发展的质量，培育发展新动能，促进农村经济建设、政治建设、文化建设、社会建设、生态文明建设符合新时代发展的新要求。

一、强化基层指令能力和公共服务体系建设

加强现有乡村基层组织的职能，将政权管理、社会管理和公务服务有机融合，并综合运用法律、行政、财政、金融等多种手段，加强对农村基层组织的人才供给和人才培养，使乡村基层组织有能力承担起组织农民、带领农民和团结农民的作用。

（一）强化基层指令能力

按照权力下放、权责一致的原则，除法律法规规定必须由县级以上政府及其职能部门行使的行政强制和行政处罚措施，以及行政许可事项外，对直接面向人民群众、量大面广、由乡镇服务管理更方便有效的各类事项依法下放乡镇政府，重点扩大乡镇政府在农业发展、农村经营管理、安全生产、规划建设管理、环境保护、公共安全、防灾减灾、扶贫济困等方面的服务管理权限。强化乡镇政府对涉及本区域内人民群众利益的重大决策、重大项目和公共服务设施布局的参与权和建议权。县级职能部门不得随意将工作任务转嫁给乡镇政府。省级政府要依法制定扩大乡镇政府服务管理权限的具体办法，明确下放事项、下放程序和法律依据，确定下放后的运行程序、规则和权责关系，确保下放权力接得住、用得好。

（二）加强乡镇政府的公共服务体系建设

加快乡镇政府职能转变步伐，着力强化公共服务职能。乡镇政府主要提供以下基本公共服务：巩固提高义务教育质量和水平，改善乡村教学环境，保障校园和师生安全，做好控辍保学和家庭经济困难学生教育帮扶等基本公共教育服务；推动以新型职业农民为主体的农村实用人才队伍建设，加强社区教育、职业技能培训、就业指导、创业扶持等劳动就业服务；做好基本养老保险、基本医疗保险、工伤、失业和生育保险等社会保险服务；落实社会救助、社会福利制度和优抚安置政策，为保障对象提供基本养老服务、残疾人基本公共服务，维护农民工、困境儿童等特殊人群和困难群体权益等基本社会服务；做好公共卫生、基本医疗、计划生育等基本医疗卫生服务；践行社会主义核心价值观，继承和弘扬中华优秀传统文化，加强对古村落、古树名木和历史文化村镇的保护和发展，健全公共文化设施网络，推动全民阅读、数字广播电视户户通、文化信息资源共享，组织开展群众文体活动等公共文化体育服务。乡镇政府还要提供符合当地实际和人民群众需求的农业农村经济发展、农民基本经济权益保护、环境卫生、环境保护、生态建设、食品安全、社会治安、矛盾纠纷化解、扶贫济困、未成年人保护、消防安全、农村危房改造、国防动员等其他公共服务。县级政府要制定乡镇政府公共服务事项目录清单，特别是要把扶贫开发、扶贫济困等任务列入清单，明确服务对象和要求。

二、积极发展专业化服务和农村多元化合作治理

充分利用市场机制，鼓励农业专业化服务发展成为中国特色的农村经营新模式，实现各环节的专业化服务，并大力发展多元化合作体系，形成政府、市场和社会之间的合作互动和对农村公共服务的合作供给。

（一）发展农业专业化服务

培育各类农业社会化专业服务组织，为农业提供涵盖农资配送、农机服务、工厂化育秧、植保统防统治、畜禽防疫、粮食烘干等大部分农业生产环节的专业化服务。一是加强队伍建设，提升专业化服务水平。组建农化服务中

心，引进专业人才，壮大农技服务队伍，提高服务团队整体素质。二是创新科技服务，打造核心竞争力。为农业、农村、农民提供个性化定制、集约化、规模化、全产业链的农业生态服务，提供全程化服务。三是提供形式多样的服务，指导农民科学施肥用药。通过设立农技咨询专家热线、向农民免费发放农技服务资料、不定期举办科技服务讲座、多媒体平台传播宣传农技知识、深入基层现场服务等形式多样化的服务，为农户提供高效便捷的技术指导。四是打造现代农业电商综合服务平台。开拓创新，打造集农技服务、物流配送、农产品购销、农村金融等服务为一体的现代农业综合服务电子商务平台，实现线上线下融合发展，零距离对接服务广大种植大户、专业合作社、家庭农场等。

（二）加强农村多元化合作治理

一是融合体制内和体制外治理主体凭借资源。乡村治理主体有效治理不仅要依靠制度、法律的支持，更重要的是要得到村民的认可。因此，两种类型的主体在参与治理过程中都必须努力使二者兼备。体制内治理主体在先天获取较强的制度、法律、组织资源时，还必须恰当地运用道德资源等进行有效治理。体制外主体在先天缺乏制度、法律政策等政治资源的境况下，应该进一步融洽与村民的关系，得到民众的认可和支持，积极拓展制度性、法律性资源，增强治理合法性基础。二是治理主体围绕治理内容，发挥各自优势主动获取治理资源。治理主体必须积极为村民提供有效的、高质量的公共服务和公共产品，从而主动获取治理资源。乡村治理的内容涉及增进村民公共利益的诸多方面，是主体主动获取资源的最佳场域，包括行政治理、经济治理、村公益事业治理、日常村务管理等。三是完善主体现有治理资源体系，培育和发掘新的治理资源，力争构建一个合理、科学的资源体系：完善政治体制、制度，优化村级治理的政治资源，完善配套的法律法规，规范体制内治理主体行为，引导非政府组织建设，成立农民协会等民间组织，引导家族组织的发展，增强村级治理的组织资源；健全村财管理机制，完善吸纳资金的运行机制，夯实村级治理的经济资源；加强村干部队伍建设，提高村干部的管理素质，吸纳非体制精英到体制内，优化村级治理的人力资源；加大文化影响，提高伦理道德的作用，强化村规民约的建设，强化村级治理的文化资源。

三、重视和加强乡村文化建设和民主法制建设

通过不断提高农民的文化建设和法制建设，完善基层群众自治制度，并借助传统和现代的多种文化资源，培育农村公共文化生活，激发农民参与农村公共事务治理的积极性，提高农民自制和合作能力。

（一）加强乡村文化建设

一是提高农民的思想觉悟、道德水准、文明素养，提高农村社会的文明程度，增强发展软实力，发掘继承和创新发展优秀乡土文化。二是完善建设乡村文化基础设施，继续加大投入，推进乡镇文化站、乡村文化广场、农家书屋、农民体育健身工程、广播电视户户通等一系列惠民工程的建设，不断加强其他农村文化供给，为农民群众搭起展示自我的平台。

（二）加强民主法制建设

一是建立和完善以党的基层组织为核心，村民自治和村务监督组织为基础，集体经济组织和农民合作组织为纽带，各种社会服务组织为补充的农村治理体系。二是要加强村组干部建设，特别是村级党组织主要负责人的培养和选拔；加强对驻村干部、大学生村干部、乡村技术员等人员的培养和管理，充分发挥他们的优势和特长。

四、深化农村集体产权制度和因地制宜推进制度创新

进一步强调农村的集体所有权，并不断探索和创新农村集体所有权的实现形式。同时，结合地方特色，因地制宜地大力发展农村集体经济，增加集体资产收入。

发展壮大村级集体经济是强农业、美农村、富农民的重要举措，是实现乡村振兴的必由之路。一是村社合一，成立集体经济组织机构。坚持支部领办、村社合一、交叉任职、公司运营的原则，以行政村为单位成立农村股份经济合

作社。合作社设立股民代表会议、理事会、监事会等机构。二是统一经营，凝聚集体经济发展合力。农村股份经济合作社实行统一经营、统一管理、统一用工和统一筹资。三是拓宽路径，推动集体经济多元化发展。根据各村不同的资源禀赋、区位特点、产业优势，积极探索多元化的集体经济发展路径，发展产业增收型经济、资产盘活型经济、混合经营型经济、劳务创收型经济和产业延伸型经济等。四是合理分配，共享集体经济发展成果。为了让集体经济的发展成果惠及全体村民，结合实际情况建立集体收益的合理分配机制。